현대 직업의 원조

옛날 직업 납시오!

사진 출처

연합뉴스_ 32p / 통역사 33p / 수화 통역사 56p / 초등 교사, 중등 교사 57p / 유치원 교사
68p / 투표소 80p / 취재진, 속기사 116p / 쇼핑 호스트 152p / 경찰, 군인 153p
/ 소방관 164p / 농부 165p / 도시 농업

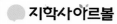

돌콩 사회 똑똑

현대 직업의 원조

옛날 직업 납시오!

© 글 김민령 **그림** 곽진영, 2014

1판 1쇄 발행 2014년 7월 28일 | **1판 4쇄 발행** 2018년 6월 15일
글 김민령 | **그림** 곽진영
펴낸이 권준구 | **펴낸곳** (주)지학사
본부장 황홍규 | **편집장** 박미영 | **팀장** 김은영 | **편집** 문지연 전해인 김솔지
디자인 이혜진 | **제작** 김현정 이진형 강석준 | **마케팅** 송성만 손정빈 윤술옥
등록 2010년 1월 29일(제313-2010-24호) | **주소** 서울시 마포구 신촌로6길 5
전화 02.330.5297 | **팩스** 02.3141.4488 | **이메일** arbolbooks@naver.com
ISBN 979-11-85786-11-7 64300
ISBN 979-11-85786-09-4 64300(세트)
잘못된 책은 구입하신 곳에서 바꿔 드립니다.

이 도서의 국립중앙도서관 출판시도서목록(CIP)은 서지정보유통지원시스템 홈페이지(http://seoji.nl.go.kr)와
국가자료공동목록시스템(http://www.nl.go.kr/kolisnet)에서 이용하실 수 있습니다.(CIP제어번호: CIP2014021203)

지학사아르볼 아르볼은 '나무'를 뜻하는 스페인어. 어린이들의 마음에
담긴 씨앗을 알찬 열매로 맺게 하는 나무가 되겠습니다.

홈페이지 www.jihak.co.kr/arb/book | **포스트** post.naver.com/arbolbooks

현대 직업의 원조

옛날 직업 납시오!

글 김민령
그림 곽진영

지학사아르볼

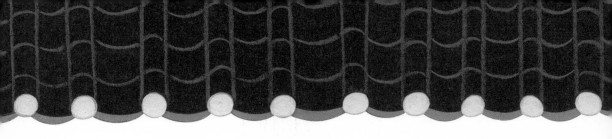

글쓴이의 말

누군가가 저에게 어린이들에게 가장 중요한 게 뭐냐고 묻는다면 열심히 뛰어노는 거라고 대답하겠습니다. 만약 어린이들이 땀 흘리며 신 나게 뛰어놀지 않는다면? 놀이터의 그네가 늘 비어 있다면? 학교 운동장에 깔깔거리는 웃음소리가 없다면? 그럼 세상은 정말 재미없는 곳일 거예요. 어른들은 늘 아이들에게 열심히 공부해라, 조용히 해라, 얌전히 걸어라, 하고 말하지만 그건 다 어린이들이 매우 열심히 놀고 있기 때문이에요. 다른 말로 하면, 어린이들은 어린이들의 일을 열심히 하고 있는 셈이지요. 어린이들에게 중요한 건 노는 것이니까요.

하지만 어린이들이 언제까지나 어린이일 순 없어요. 중학교, 고등학교, 대학교를 거쳐 사회로 나갈 테고, 그 후엔 직업을 가져야 해요. 좁은 의미로 직업은 먹고살기 위해 돈을 버는 일이지만, 넓게 보면 한 사람이 평생 동안 해야 할 일이지요. 또 직업은 생계를 위한 일이기도 하지만, 즐거움과 보람을 위해 기꺼이 뛰어드는 일이기도 하고요. 그러므로 자신이 좋아하는 일을 하면서 돈도 벌 수 있다면 가장 좋을 거예요.

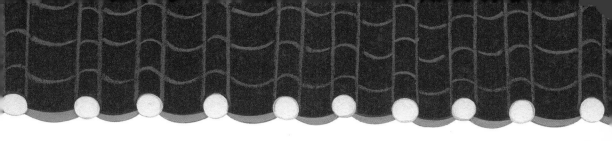

인류는 아주 오래전 분업을 이루면서부터 많은 직업을 갖게 되었어요. 의식주를 모두 스스로 해결하던 사람들이 서로서로 자신이 잘하는 일, 좋아하는 일을 맡으면서 직업을 갖게 된 것이지요. 어떤 직업은 오래도록 사라지지 않고 이름과 모습만 달리한 채 이어져 오고 있어요. 또 어떤 직업은 역사 속으로 사라졌지요. 옛이야기 속에서 그토록 많이 등장하는 나무꾼은 오늘날 찾아볼 수 없는 직업이 된 것처럼 말이에요.

〈현대 직업의 원조 옛날 직업 납시오!〉는 옛날 직업에 대해 이야기하는 책이에요. 덧붙여 여러분이 궁금해할 만한 현대 직업에 대해서도 함께 알려 주지요. 직업에 대해 아는 것은 어린이들의 미래를 위해서 참으로 중요한 일이에요. 직업의 종류를 많이 알수록 선택의 폭이 넓어지니까요.

이 책을 통해 어린이 여러분이 직업에 대해 진지하게 생각해 볼 수 있는 기회를 가지길 바랍니다. 직업을 갖는다는 것, 일을 한다는 것은 정말 멋진 일이니까요.

– 작가, 김민령

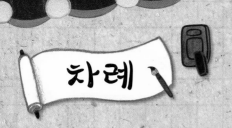

차례

약초 캐는 두 남매

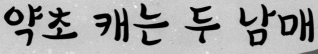

의원

"아, 덥다! 금이야, 우리 여기서
쉬어 가자."

환이는 등에 짊어지고 있던 망태기※를 내려놓았습니다.

금이는 바위를 딛고 깡충깡충 내려가 계곡물을 한 모금
마셨습니다.

"오빠, 물 좀 마셔. 엄청 달고 시원해."

빨갛게 달아오른 뺨에도 물을 끼얹
던 금이가 활짝 웃었습니다.

"배는 안 고프냐?"

※ **망태기**가는 새끼를 그물처럼 떠서 물건을 담아 들거나
어깨에 메고 다닐 수 있도록 만든 주머니

금이는 말없이 고개만 저었습니다.

아침으로 먹은 멀건 나물죽은 이미 소화가 되었을 게 뻔합니다. 환이는 삶은 감자 두 알을 꺼낼까 하다가 금방 생각을 고쳐먹었습니다. 얼마나 돌아다녀야 할지 모르니 아껴 둬야 하거든요.

오늘 환이랑 금이는 산에 약초※를 캐러 왔습니다. 어머니가 지난겨울부터 앓고 계셔서 약초가 많이 필요했기 때문이지요. 가난한 환이네 집에 오려는 의원은 아무도 없었습니다.

마침 어머니의 병을 치료하는 데 좋다던 대왕풀※ 꽃의 보랏빛이 눈에 띄었습니다. 환이가 대왕풀의 뿌리까지 열심히 캐내고 있을 때, 갑자기 금이의 비명이 들렸습니다.

※ **약초** 약으로 쓰는 풀
※ **대왕풀** 난초과의 식물로, 자란·대암풀이라고도 함

서둘러 뛰어가 보니 금이가 산딸기 덤불 앞에서 울고 있었습니다. 산딸기를 따 먹다가 벌에 쏘인 것입니다. 금이의 한쪽 볼은 벌써 퉁퉁 부어올랐습니다.

환이가 어쩔 줄 몰라 하는데, 등 뒤에서 낯선 목소리가 들려왔습니다.

"비켜라. 내가 좀 보마."

커다란 삿갓을 쓴 어른이 훌쩍 다가와 금이를 들여다보았습니다. 그러더니 갖가지 약초가 가득 들어 있는 자신의 망태기를 뒤지기 시작했습니다.

"분명히 산초 잎이 있을 텐데……. 아, 여기 있구나."

그 어른은 산초 잎을 비벼 금이의 뺨에 붙여 주었습니다.

"소금이 있으면 더 좋겠지만, 그래도 이쯤이면 부기※는 가라앉을 게다. 그런데 어린애들이 무슨 일로 이렇게 깊은 산속까지 왔느냐?"

※ **부기** 부어 있는 상태

"약초를 캐러 왔어요. 대왕풀을 달여 마시면 어머니의 병을 낮게 하는 데 좋다고 해서요."

"의원이 그렇게 말하더냐?"

어른이 낮은 목소리로 물었습니다.

"아니요. 이웃 분들이 알려 주셨어요."

"우리 같은 가난뱅이한테 의원은 사치※래요."

겨우 울음을 그친 금이가 눈물이 그렁그렁한 채로 끼어들었습니다. 어른은 말없이 고개만 끄덕였습니다.

"혹시 약초꾼이시면, 이게 대왕풀이 맞는지 좀 봐 주세요."

환이는 자기 망태기를 열며 말했습니다. 그런데 어른은 환이의 망태기를 쳐다보지도 않고 자리에서 일어났습니다.

환이는 금세 풀이 죽어서 고개를 숙였습니다. 눈치가 빠른 금이도 주눅이 들었지요.

"어서 일어나거라. 얼른 내려가 보자."

"예?"

환이와 금이가 놀란 눈을 하고 바라보자, 어른이 빙그레 웃었

※ **사치** 필요 이상의 돈이나 물건을 쓰는 것. 또는 자신의 상황에 맞지 않게 지나친 생활을 하는 것

습니다.

"내가 약초뿐 아니라 진맥[※]도 보고 침도 좀 놓는단다. 그런데 아픈 사람을 보지도 않고 약을 권할 수는 없지 않느냐."

"그럼 아저씨가 의원이셔요?"

금이는 기쁜 나머지 소리를 꽥 지르며 물었습니다.

"그래. 하지만 돈은 받지 않고 환자를 보는 의원이란다."

어른이 환이에게 눈을 찡긋했습니다. 환이는 가슴이 벅차 그저 감사의 인사만 꾸벅했습니다.

산을 내려가는 세 사람 뒤로 매미가 쓰륵쓰륵 맴맴— 쓰륵쓰륵 맴맴— 극성스럽게도 울었습니다.

※ **진맥** 병을 진찰하기 위해 손목의 맥을 짚어 보는 일

옹기종기 지식 마을

우리가 아플 때 의사 선생님을 찾아가듯,
옛날에도 아픈 사람을 치료해 주는 사람이
있었어요. 바로 의원이지요. 의원에 대해
더 자세히 살펴볼까요?

침
사람 몸에 찔러
넣어 아픈 곳을
치료하는 전통
의료 기구

약장
작은 서랍이 많이
달려 있는, 약을
넣어 두는 장

약탕기
약재를 넣고
끓이는 도구

화로
숯불을 담아
놓는 그릇

한약재
한약을 지을 때
쓰는 약재

가난한 백성이 병에 걸리면?

우리나라는 삼국 시대※ 전부터 의술※이 발달했다고 해요. 하지만 왕실이나 높은 관직에 있는 사람들만 전문적인 의술의 혜택을 받을 수 있었지요. 가난한 백성이 병에 걸리면 집에서 민간요법※을 사용해 스스로 병을 고쳐야 했어요. 고려 시대에는 가난한 백성도 치료받을 수 있는 의료 기관인 동서 대비원과 혜민국 등을 설치했어요. 조선 시대에는 활인서와 혜민서 등을 세워 백성의 병을 고쳤지요. 하지만 모든 백성이 치료를 받기에는 그 수가 턱없이 부족했어요. 그래서 대부분의 백성은 동네 의원에게 의지해 병을 고쳤답니다.

※ **삼국 시대** 고구려, 백제, 신라가 경쟁하던 시대
※ **의술** 병이나 상처를 고치는 기술
※ **민간요법** 예로부터 전해 내려오는 치료법

왕실의 병을 돌보는 내의원

조선 시대에 의술 과거※에 합격하면 의관※이 될 수 있었어요. 나라에 속한 의료 기관으로는 왕족과 벼슬이 높은 사람을 치료하는 내의원, 의학 교육을 맡아보는 전의감, 일반 백성을 치료하는 활인서와 혜민서 등이 있었지요. 의관들은 대부분 내의원에 속했답니다.

내의원의 가장 중요한 임무는 임금의 건강을 돌보는 것이었어요. 진

찰을 통해 병이 발견되면 모든 의관이 힘을 합해서 임금을 치료했지요.

한편 의녀로 불리는 여성 의관도 있었어요. 의녀는 왕실이나 대갓집※ 여성의 건강을 돌봤지요.

※ **과거** 관리를 뽑는 시험
※ **의관** 의술을 하는 벼슬
※ **대갓집** 대대로 세력이 있고 크게 성장한 집안

허준과 『동의보감』

『동의보감』은 조선 시대 어의※ 허준이 쓴 책이에요. 병을 크게 다섯 가지로 나누고, 병마다 증상과 치료 방법을 기록했어요. 여러 의학책에 기록된 내용뿐 아니라 민간요법, 허준 자신이 체험한 것까지 함께 설명하고 있어서 무척 유용하지요. 중국, 일본에서도 널리 읽힌 『동의보감』은 2009년에 유네스코가 정한 세계 기록 유산※이 됐어요. 세계인이 함께 지켜야 할 소중한 기록으로 인정받은 것이지요.

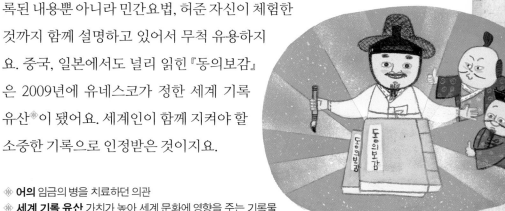

※ **어의** 임금의 병을 치료하던 의관
※ **세계 기록 유산** 가치가 높아 세계 문화에 영향을 주는 기록물

안녕! 내 이름은 돌콩이야. 의원님과 비슷한 직업이 요즘에도 있다는 사실, 알고 있니? 그래, 바로 의사 선생님이야. 내가 이 두 분을 모시고 인터뷰를 해 볼게!

돌콩이 의원님, 의사 선생님! 두 분 모두 아픈 사람을 돌보고 병을 낫게 하는 일을 하시다니, 정말 훌륭하신 것 같아요.

의원 하하, 아픈 사람은 어딜 가나 항상 있기 마련이지. 그래서 의원은 세상에 꼭 필요한 직업이란다.

의사 의학이 인류의 역사와 함께 발달해 온 것도 그 때문이야.

돌콩이 그럼 우리나라 의학은 어떻게 시작되었나요?

의원 우리나라 의학에 대한 기록은 고려 시대부터 있단다. 특히 조선 시대에 한의학이 크게 발달하여 허준의 『동의보감』 같은 책도 나왔지. 현대는 어떤가요, 의사 선생?

의사 1800년대 후반에 우리나라에 서양 의학이 들어왔는데요. 현재는 한의학보다 서양 의학의 힘을 더 많이 빌리고 있습니다. 특히 엑스레이※ 같은 의료 기계를 이용하여 더 자세하고 정확한 진료가 가능해졌지요.

돌콩이 저도 다리를 다쳐서 엑스레이를 찍어 본 적이 있어요! 옛날에는 사람 몸속을 제대로 들여다볼 수 없어서 무척 답답했을 것 같아요.

의원 그렇지. 외과 수술 같은 건 꿈도 못 꿨으니까. 우리 때는 주로 진맥을 짚어 병을 파악하고, 약재나 침, 뜸 등을 이용해 치료를 했단다.

돌콩이 옛날 의원님들이 환자의 진맥을 짚으면서 몸의 어느 부위가 안 좋은지 살피는 걸 보면 정말 신기해요.

의사 서양 의학에서도 맥은 아주 중요해. 그래서 심박 수를 세기 위해 동맥을 짚기도 하지. 환자의 가슴에 청진기를 대기도 하고.

돌콩이 맞아요. 소아과에 가면 의사 선생님들이 청진기부터 대 보시더라고요. 오래된 한의학이 지금까지도 사용되고 있다는 건, 그만큼 좋은 의료 기술이란 뜻이겠지요?

의사 그렇지. 그래서 한의학의 효과를 과학적으로 확인하려는 연구가 계속되고 있단다.

의원 한의학과 서양 의학이 서로 부족한 점을 보완해 준다면, 미래의 사람들을 보다 건강하고 행복하게 할 수 있을 거야.

돌콩이 건강한 사회를 만들기 위한 두 분의 노력에 정말 감사드려요!

요즘엔 의학 기술이 발달해서 더 많은 생명을 구할 수 있어.

현대에도 한의학이 사랑받고 있다니, 매우 기쁘구나.

※ **엑스레이** 눈으로 볼 수 없는 곳을 찍은 사진

의사

　몸이나 마음에 병이 들거나 다친 경우 이를 진단하고 치료하는 사람이에요. 의사는 항상 아픈 사람들을 살펴야 하고, 생명을 다루기 때문에 봉사 정신과 직업에 대한 사명감이 있어야 해요. 그 정신을 일깨운 사람은 서양 의학의 아버지라 불리는 히포크라테스예요. 그래서 의학을 공부한 학생들은 대학을 졸업할 때 '히포크라테스 선서'를 한답니다.

히포크라테스 선서문

히포크라테스 선서 중
－ 이제 의업에 종사할 허락을 받으매 나의 생애를
　인류 봉사에 바칠 것을 엄숙히 서약하노라.
－ 나의 양심과 위엄으로서 의술을 베풀겠노라.
－ 나의 환자의 건강과 생명을 첫째로 생각하겠노라.

간호사

　환자가 빨리 나을 수 있게 돌보는 사람이에요. 또 의사 옆에서 진료를 돕고, 의사가 없을 때는 응급 처치를 하지요. 의사보다 환자를 먼저 만나는 경우가 많으므로, 항상 침착하게 상황을 판단하는 능력이 필요하답니다.
　간호사가 전문 직업인으로 인정받은 것은 전쟁터에

현대 간호학의 창시자 나이팅게일

서 다친 사람들을 돌보던 나이팅게일이 등장하면서부터예요. 그래서 간호학을 공부한 학생들은 졸업할 때 '나이팅게일 선서'를 한답니다.

나이팅게일 선서 중인 예비 간호사들

나이팅게일 선서 중
– 나는 평생 의롭게 살며 전문 간호직
 에 최선을 다할 것을 하느님과 여러분
 앞에 선서합니다.

한의사

우리나라 한의학으로 환자를 치료하는 의사예요. 일제 강점기※에 서양의 의료 기술이 들어오면서 한의사들은 억압을 당했어요. 그러다 1950년대에 전문 의료인으로 인정받게 되었지요. 한의사들의 주요 치료법

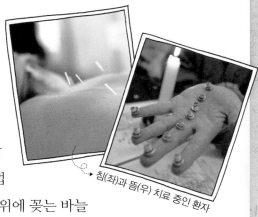

침(좌)과 뜸(우) 치료 중인 환자

에는 침과 뜸이 있어요. 침은 아픈 부위에 꽂는 바늘 같이 생긴 의료 기구이고, 뜸은 약재를 몸에 올리고 불을 붙여 그 열기가 몸속까지 퍼지게 하는 치료법이랍니다.

※ **일제 강점기** 1910년 나라를 빼앗긴 이후 1945년 해방되기까지 35년간의 시대

약사

의약품을 다루는 사람이에요. 약의 개발·생산·사용·평가에 이르는 모든 과정을 담당하지요. 의약품은 전문 의약품과 일반 의약품으로 나뉘어요. 전문 의약품은 의사의 처방전※이 필요한 약이에요. 약사는 의사의 처방에 의해 사용되는 약이 적절한지 한 번 더 점검해요. 일반 의약

품은 환자가 선택할 수 있는 약이에요. 약사는 환자가 일반 의약품을 올바르게 선택하고 사용할 수 있도록 돕지요. 약마다 효과가 다르고, 비슷한 모양도 많기 때문에 약사는 성격이 꼼꼼해야 해요.

※ **처방전** 환자의 병을 치료하기 위해 필요한 약을 적은 종이

물리 치료사

몸에 통증이 있거나 불편한 부위가 있는 사람에게 마사지를 해 주거나 운동을 도와주는 사람이에요. 열과 빛, 전기와 진동 등의 물리적인 힘을 이용하여 환자의 치료를 돕지요. 물리 치료는 치료 기간이 길기 때문에 환자의 의지를 북돋우기 위해 격려해 주고 지켜봐 주어야 해요. 따라서 환자와 따뜻한 관계를 만드는 게 중요하답니다.

임상 병리사

환자의 병명을 정확하게 진단하기 위해 혈액, 세균, 기생충 등을 검사하고 심전도※, 심폐※ 기능 같은 몸의 기능을 검사하는 사람이에요. 검사 결과를 가지고 환자의 치료에 중요한 데이터를 만들고, 환자의 질병과 어떻게 연관되는지 해석하는 능력이 필요하지요.

※ **심전도** 심장이 활동하는 모습을 기록한 그림
※ **심폐** 심장과 폐

수의사

수의사는 아픈 동물을 치료하고, 질병으로부터 예방하는 일을 해요. 말을 못 하는 동물을 다루는 일이기 때문에 동물과의 교감이 매우 중요하지요. 따라서 동물을 사랑하고 작은 생명도 소중하게 생각하는 마음이 있어야 한답니다.

옛날에도 수의사가 있었을까요?
옛날에도 현대의 수의사와 같은 역할을 하는 사람이 있었어요. 바로 '마의'지요. 마의는 말을 보살피던 관청에서 일했어요.

21

내 꿈은
외국어의 달인
역관

"현채 도련님, 여기 계세요?"

덜컹, 문 열리는 소리가 들리더니 한낮의 햇살이 사랑방* 안
으로 쏟아져 들어왔습니다. 현채를 돌보는 몸종* 애기였습니
다. 현채는 일본어책이 가득 꽂혀 있는 사랑방 구석에 앉아 있었
습니다. 아침을 먹자마자 방에 들어가서는 꿈쩍도 않고 책을
들여다보던 참이었습니다.

현채네는 대대로 역관을 지내 온 집안으로, 큰아버지와 현채
아버지까지 모두 청나라를 오가는 역관으로 일하고 있습니다.

※ **사랑방** 집 안에 손님을 접대하는 방
※ **몸종** 옛날에 잔심부름을 하던 여자 하인

그 피를 물려받아서인지, 현채는 요즘 일본어 배우는 재미에 흠뻑 빠져 있었습니다.

현채 옆에는 애기가 아까 들여다 놓은 홍시 두 개가 그대로 놓여 있었습니다.

"배도 안 고프세요? 점심때가 한참 지났는데……."

"내가 나가기 전까진 찾지 말라니까."

현채가 일본어책인 『첩해신어』에서 눈을 떼지 않으며 대답했습니다.

"마님이 찾으십니다. 얼른 점심 잡숫고 안방으로 가 보세요."

현채는 아쉬운 듯 책장을 덮고 애기를 따라나섰습니다.

애기가 차려 준 밥상에는 불고기, 생선찜 등 기름진 반찬이 가득했습니다. 하지만 현채는 몇 술 뜨는 둥 마는 둥 하더니 금세 자리에서 일어났습니다.

"아직 열두 살밖에 안 됐는데, 먹는 덴 도통 관심이 없고 저렇게 책만 끼고 살다니……."

애기가 밥상을 내가며 쯧쯧 혀를 찼습니다.

현채 어머니는 안방에 앉아서 책장을 넘기고 있었습니다.

"어머니, 접니다. 책 읽고 계십니까?"

"그래. 아버지께서 지난번 북경에 가셨을 때 사 오신 거란다."

어머니는 책을 조심조심 쓰다듬었습니다. 그러다가 문득 생각났다는 듯 말을 이었습니다.

"아 참, 큰집 덕채가 과거에 1등으로 붙었다는구나."

"와! 그럴 줄 알았어요."

덕채는 현채가 가장 좋아하는 사촌 형입니다. 올가을 왕자가 태어난 것을 기념하여 한양에서 임시 과거가 열렸는데, 덕채는 역과[※]에 응시했습니다.

"큰어머니가 무척 좋아하셨겠어요. 그런데 큰아버지와 아버지는 언제 오세요? 북경에 가신 지 벌써 석 달이 넘었잖아요."

"이번에는 인삼을 꽤 많이 가져가셨단다. 그걸 다 팔고 청나라 물건을 사 오시느라 평소보다 더 오래 걸리는 모양이다."

어머니가 빙긋 미소를 지었습니다. 아마도 아버지가 새로 가져다주실 중국어책을 기대하고 계시는 모양입니다.

"듣자 하니 너는 요즘 일본어를 공부한다더구나."

"예. 저는 청나라보다는 일본에 가 보고 싶어요. 사역원에 가서도 일본학을 공부할래요."

"설사 역과에 붙는다고 해도 일본에 가는 일은 십 년에 한 번

※ **역과** 통역을 맡아보는 역관을 뽑기 위한 과거

있을까 말까란다."

　어머니가 현채의 눈을 지긋이 들여다보며 말씀하셨습니다.

　"알아요. 하지만 우리 집안에 중국어, 몽고어, 여진 어(청어)를 하시는 어른은 많지만, 이제껏 일본어를 하신 분은 없었잖아요. 제가 일본어를 배우면 집안에도 큰 도움이 될 거예요."

　"그래, 네 뜻이 그렇다면야."

　어머니가 현채의 머리를 부드럽게 쓰다듬었습니다. 바로 그때, 바깥에서 소란스러운 소리가 들렸습니다.

　"마님, 어르신께 소식이 왔습니다. 내일 한양에 도착하신다고 합니다요!"

　현채와 어머니는 마주 보고 활짝 웃었습니다.

26

옹기종기 지식마을

옛날에도 외국과의 교류가 있었어요. 특히 가까운 중국, 일본 등을 자주 오갔지요. 이때 외국인과의 의사소통을 가능하게 한 역관에 대해 더 자세히 살펴볼까요?

수출품
역관은 인삼, 종이, 쌀 등의 무역품을 해외로 가지고 나가 팔거나, 특산품과 교환하여 가지고 들어왔다.

『노걸대』
고려 상인이 중국에 장사를 하러 간 상황을 그린 중국어 회화책

고려와 조선의 동시 통역사, 역관

옛날, 우리나라는 이웃 나라와 사이좋게 지내기 위해 해마다 사신을 보냈어요. 사신은 임금의 명령을 받고 외국에 가는 신하로, 지금의 외교관과 비슷해요. 사신이 외국에 갈 때는 꼭 통역하는 사람이 따라갔어요. 나라마다 쓰는 말이 다르니까요. 이때 통역을 맡았던 관리가 역관이에요.

역관은 임금의 뜻을 외국에 전하고 외교 문서를 번역하는 등의 일을 했어요. 사신들과 외국에 갈 때는 여행에 필요한 돈을 마련하려고 직접 장사를 하기도 했지요. 역관들은 이 기회를 잘 이용하여 큰돈을 벌었어요. 그래서 역관 가운데에는 큰 부자가 된 사람이 많았답니다.

멀고도 험한 역관의 길

역관이 되고 싶은 사람은 사역원이라는 곳에 들어가서 공부를 했어요. 사역원은 외국어의 통역과 번역을 담당하던 관청으로, 외국어 교육도 함께 맡았지요. 사역원에는 중국어를 가르치는 한학청, 몽고어를 가르치는 몽학청, 여진 어(청어)를 가르치는 청학청, 일본어를 가르치는 왜학청이 있었답니다.

사역원에서 공부한 뒤, 과거 가운데 하나인 역과에 합격해야 비로소 역관이 될 수 있었어요. 역관을 꿈꾸는 사람들은 사역원에 들어가 밤낮없이 공부에 집중해야 했어요. 3년을 공부해도 실력이 늘지 않으면 쫓겨났기 때문이에요.

가장 먼저 세계를 만나다!

역관은 외국어 실력이 뛰어난 데다 다른 나라에 갈 기회가 많았어요. 그러다 보니 자연스럽게 세계 곳곳의 새로운 문물을 제일 먼저 접했지요. 특히 중국에는 망원경, 지구본, 시계처럼 그 당시에 신기하게 여겨지던 물건이 가득했어요. 모두 서양에서 전해진 것들이지요. 이런 물건을 조선에 처음 들여온 사람이 바로 역관이랍니다.

또, 조선의 역관들은 중국에 건너갈 때마다 새로운 책을 사 오는 데 많은 힘을 쏟았어요. 큰 전쟁을 두 번이나 겪으면서 전국 곳곳의 서고가 불에 탔고, 그 바람에 많은 책이 없어졌기 때문이에요.

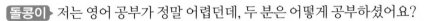

옛날 직업 vs 요즘 직업 인터뷰

요즘 시대에도 역관과 비슷한 일을 하는 사람이
있어. 바로 통역사지. 오늘은 외국인과의 의사소통을
돕는 역관과 통역사를 만나 볼 거야.

돌콩이 ▶ 저는 영어 공부가 정말 어렵던데, 두 분은 어떻게 공부하셨어요?

통역사 ▶ 나는 어려서부터 외국어 배우는 걸 좋아했어. 그래서 외국어로 된
책을 열심히 읽고 외국 방송을 보면서 공부했지. 외국에 유학을 다
녀오기도 했어. 역관님도 외국어 공부를 많이 하셨지요?

역관 ▶ 그럼요. 역관이 되려면 먼저 사역원에 입학해야 했어요. 보통 15
살 이전에 입학했지요. 사역원에는 언어별로 선생님이 있었고, 우
리나라로 귀화※한 외국인이 가르치기도 했어요.

돌콩이 ▶ 우아, 그때도 원어민 선생님이 있었네요!

역관 ▶ 그렇지. 옛날에는 지금처럼 외국인이 많
지 않았어. 그러니까 역관은 굉장히 특별
한 경험을 하는 셈이었지. 우린 주로 외국
사신을 만나거나 외국으로 가는 사신단
과 함께 떠나 안내와 통역을 했단다.

돌콩이 ▶ 외국인을 만나 자유롭게 이야기를 나눌
수 있다는 건 정말 매력적인 일인 것 같
아요.

우리의 통역이
외교에 큰 영향을
끼치니까 올바른 내용
전달을 위해 최선을
다했단다.

통역사 맞아. 특히 다른 사람에게 도움을 줄 수 있다는 점이 가장 기쁘단다. 특히 국제회의에서 통역할 땐, 나라를 대표하는 듯한 기분도 들지. 참! 조선 시대 때는 어떤 외국어를 주로 사용했나요?

역관 조선 시대 역관은 중국어, 몽고어, 일본어, 여진 어(청어) 등 네 가지 언어를 주로 사용했어요. 현대의 통역사들은요?

통역사 지금은 거의 모든 외국어를 사용하고 있어요. 그래서 각 언어마다 통역사가 있죠. 게다가 요즘에는 꼭 통역사가 아니더라도 영어를 잘하는 사람들이 아주 많아요.

돌콩이 요즘은 영어가 세계 공용어거든요. 옛날에 역관이 아닌 사람들은 외국어를 어떻게 공부했나요?

역관 옛날에는 역관 말고는 외국어를 할 줄 아는 사람이 거의 없었어. 그래서 나라의 외교 업무가 잘 이루어지려면, 역관의 능력이 중요했지.

자연스러운 통역을 하려면 우리말로 잘 바꿔서 표현해야 돼.

통역사 우리 통역사들도 올바른 통역을 위해 노력하고 있어요. 늘 우리나라의 대표라는 생각으로 일한답니다.

돌콩이 역시 두 분 모두 멋져요. 저도 외국어 공부를 열심히 할래요!

❖ **귀화** 다른 나라의 국민이 되는 일

통역사

서로 다른 언어를 쓰는 사람들이 대화를 할 수 있도록 말을 전달하는 사람이에요. 외국어로 된 글을 꼼꼼히 옮기는 번역과 달리, 통역은 현장에서 바로 이야기를 전달해야 하지요. 따라서 언어 능력은 물론, 뛰어난 순발력과 높은 집중력이 필요해요. 통역사는 주로 국제회의나 방송국 등에서 활약한답니다.

두 나라의 정상들 사이에서 통역 중인 통역사들

번역가

어떤 언어로 된 글을 다른 언어로 바꾸는 일을 번역이라고 하고, 번역을 직업으로 삼는 사람을 번역가라고 해요. 통역에 비해 오랜 시간에 걸쳐 천천히 일을 진행하지만, 그만큼 더 꼼꼼하고 정확하게 번역해야 하지요. 번역할 때 문자 그대로 뜻을 바꾸는 것을 직역, 이해하기 쉽도록 자연스럽게 바꾸어 옮기는 것을 의역이라고 해요. 때에 따라 직역과 의역을 자유롭게 사용할 수 있어야 훌륭한 번역가라고 할 수 있어요.

번역가를 통해 번역되어 출간되는 책

외교관

자기 나라를 대표하여, 다른 나라에 나가 일하는 관리를 외교관이라고 해요. 외교관은 자신이 일하고 있는 나라의 언어와 문화를 잘 알아야 해요. 하지만 그보다 중요한 것은 외교 능력이에요. 외교관은 다른 나라의 대표자들과 회의를 할 때 자기 나라의 이익을 보호하기 위해 노력해야 한답니다.

> **외교부**
> 외교 업무를 담당하는 행정 기구예요. 다른 나라에 있는 우리 국민을 보호하거나 국가간의 조약, 여행 업무 등을 처리하지요.

국제 무역사

무역이란 다른 나라와 물건을 주고받는 것을 뜻해요. 이때 각 나라의 무역과 관련된 법에 대해 잘 알고, 원활한 의사소통으로 무역을 잘 이끄는 사람을 국제 무역사라고 하지요. 외국어 능력은 필수이며, 국제 시장의 흐름을 빠르게 파악하는 안목이 필요하답니다.

수화 통역사

수화란 귀가 안 들리거나 입으로 말을 못 하는 사람들이 손으로 대화하는 것을 뜻해요. 이러한 사람들에게 어떠한 이야기를 수화로 전달하는 사람을 수화 통역사라고 하지요.

화상으로 수화 통역 중인 수화 통역사

조선 시대 연예인

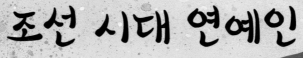
광대

깊은 골짜기를 타고 내려온 바람이 '휘' 몰아치자 양
지바른 곳에 나와 있던 아이들이 잔뜩 움츠렸습니다.
요 며칠 꽃샘추위 때문인지 봄기운이 주춤했습니다.

햇볕을 쬐느라 담장 아
래 쭈그리고 앉아 있던
아이들은 누군가를 기다리
는 듯 골목 모퉁이를 자꾸
만 흘끔거렸습니다.

"어, 용삼이다!"

용삼이는 자기한테로 모여드는 아

심청이 들어온다.

34

이들을 둘러보며 천천히 걸어왔습니다. 용삼이는 너무 낡아 솜이 비죽비죽 튀어나온 저고리를 입고 다 떨어진 짚신을 신고 있었습니다. 그러나 얼굴만은 말갛게 빛났습니다.

아이들이 용삼이를 빙 둘러싸고 자리를 잡자, 용삼이는 주위를 쓱 훑어보았습니다.

"자, 어제에 이어서 오늘도 심청이 이야기를 들려줄게. 이번엔 심청이가 동냥※에 나선 대목이지."

아이들은 숨죽이고 용삼이를 바라보았습니다. 용삼이는 목을 가다듬은 뒤, 오른팔을 척 쳐들고 소리를 시작했습니다.

"심청이 들어온다, 심청이 들어온다. 문전※에 들어서며, 아버지 춥긴들 오죽한데, 시장긴※들 아니리까. 더운 국밥 잡수시오, 이것은 흰밥이요, 이것은 팥밥…….'"

가뜩이나 배고픈데 음식 이야기가 줄줄 흘러나왔습니다. 아이들은 귀를 쫑긋 세우고 열심히 들었습니다. 녀석들은 어느새 배고픈 것도, 어머니한테 혼난 일도 싹 잊고, 용삼이의 소리에 빠져들었습니다.

※ **동냥** 돈이나 물건 등을 아무 조건 없이 그냥 달라고 비는 것
※ **문전** 문의 앞쪽
※ **시장기** 배가 고픈 느낌

탁 트인 용삼이의 목소리는 높이, 멀리 울려 퍼져서 근처를 지나
던 어른들까지도 하나둘 모여들게 하였습니다.

"허, 녀석! 듣던 대로 소리 하나는 최고구먼."

"잔칫집에서 소리꾼이 하는 걸 보고는 금세 저리 따라 하네!
저 녀석 아비가 그렇게 목소리가 좋았다지?"

"저 아이의 아버지는 지금 무얼 한답니까?"

동네 사람 둘이 이야기를 하고 있는데 웬 낯선 사내가 끼어들
었습니다. 갓을 쓰고 커다란 등짐을 멘 사내는 아까부터 슬그
머니 와서 용삼이의 소리에 귀를 기울이고 있었습니다.

"지난겨울에 돌림병˚이 돌아서 어미 아비가 싹 다 죽었어요.
요즘은 작은집에 얹혀사는데 구박이 엄청 심하대요."

˚ **돌림병** 여러 사람이 돌아가며 옮아 앓는 병

쯧쯧쯧…

바로 그때 구경꾼들 틈에서 날카로운 소리가 들려왔습니다.

"용삼이 이놈! 산에 가서 나무껍질이라도 벗겨 오라고 했더니 여기서 소릴 하고 있어?"

웬 아낙네가 달려들더니 고래고래 소리를 지르며 용삼이를 때리기 시작했습니다.

"이보시오, 어찌 아이를 그리 때리시오. 멈추시오."

갓을 쓴 사내가 아낙네와 용삼이 사이로 끼어들었습니다. 사내는 품에서 짤랑거리는 주머니를 꺼냈습니다. 돈 소리를 들은 아낙네는 눈을 동그랗게 뜨고 사내를 올려다보았습니다.

"내 전국을 돌아다니며 놀음판을 벌이는 자
인데, 이 아이를 데려가도 되겠소?"

"광대란 말씀이우? 저런 게으른 녀석을 데려
다 어디 쓰려고……. 하긴 저놈이 소리 하나는 잘하지."

아낙네는 사내의 돈주머니에서 눈을 떼지 않은 채 말했습니다.

"용삼이라고 했지? 날 따라가지 않으련? 우리를 따라다니면
보리밥이나마 배불리 먹고 소리도 배울 수 있을 텐데……."

"예! 저 갈래요. 데려가 주세요."

용삼이는 잠시도 망설이지 않고 카랑카랑하게 대답했습니다.

작은어머니가 얼마간의 돈을 받아 챙겨 집으로 돌아가자, 용
삼이는 바로 그 자리에서 사내를 따라나섰습니다.

"얘들아! 최고의 소리꾼이 되어 다시 돌아올게!"

동네 아이들은 헤어지는 게 아쉬운 듯, 용삼이가 사라질
때까지 손을 흔들었습니다.

옛날 사람들은 광대의 공연을 보며 남는 시간을 보냈어요. 광대는 줄 위에서 묘기를 부리거나 탈을 쓰고 재밌는 이야기를 전했지요. 광대에 대해 더 자세히 알아볼까요?

고깔
농악대나 광대가 쓰는, 위 끝이 뾰족한 모자

줄광대
줄타기를 하는 광대

탈
나무, 종이 등으로 만든 얼굴에 쓰는 물건

한삼
손을 가리기 위해 만든, 흰색으로 된 긴 소매

탈광대
탈을 쓰고 연기하는 광대

소리 광대
판소리를 하는 광대

고수
소리 광대 옆에서 북을 치는 사람

옛날에도 연예인이 있었다고?

연예인은 많은 사람이 부러워하는 화려한 직업이에요. 자기가 가진 매력을 마음껏 뽐내며 사람들에게 감동을 주고, 또 팬들의 사랑을 한 몸에 받기도 하니까요. 옛날에도 이런 연예인이 있었어요. 바로 광대예요. 지금처럼 번듯한 공연장도 없고, 방송국도 없었지만 탈춤, 줄타기, 판소리 등 광대들의 공연이 곳곳에서 이루어졌답니다. 광대들은 무리를 지어 돌아다니며 재주를 보여 주고 생활을 이어 갔어요. 이들은 그 시대의 가장 낮은 신분인 천민이었기 때문에 지금과는 달리 천한 취급을 받았답니다.

재주꾼 광대들이 다 모였다!

넓은 마당에서 그럴듯한 모양새를 갖추어 펼치는 공연을 놀음판이라고 해요. 마당에 구경꾼들이 모이면 광대들은 흥겹게 놀음판을 벌였어요. 놀음판에서 하는 줄타기를 판줄, 농악을 판굿, 소리를 판소리라고 부르지요.

사람들이 좋아하는 구경거리를 이것저것 보여 주려면 재주꾼이 많아야겠죠? 그래서 광대들은 노래, 춤, 연극 등 다양한 재주를 가진 사람들을 모아 광대 패를 만들었어요. 각자의 재주에 따라, 소리하는 소

리 광대(소리꾼), 줄 타는 줄광대, 탈춤 추는 탈광대 등으로 역할을 나누었지요. 다양한 끼※를 가진 이들이 모인 광대 패는 요즘으로 치면 가수, 배우 등을 두루 갖춘 연예 기획사인 셈이에요.

※ **끼** 연예에 대한 재능이나 소질

소리 광대는 인기 스타

광대 패에서 으뜸으로 치는 광대는 소리 광대였어요. 판소리가 가장 인기 있었거든요. 소리 광대는 혼자서 두 시간이 훨씬 넘는 긴 이야기를 노래로 들려주었기 때문에 아무나 쉽게 배울 수 없었어요.

소리 광대는 실력에 따라 여럿으로 나뉘었어요. 한마을에 머물며 공연을 하는 광대는 또랑광대, 이름이 알려져 여러 마을로 초대 공연을 다니는 광대는 명창이라고 불렀지요. 명창 중에서도 전국 대회에서 1등을 하거나 궁궐에 불려 가 판소리를 해 본 경험이 있는 이들은 국창이라고 불리며 최고의 인기를 누렸답니다.

41

민속촌에서 탈춤을 본 적 있니? 매우 흥겨워서 보는 사람까지 덩실거리게 되더라. 마치 화려한 무대 위에서 춤추는 가수들처럼 말이야. 오늘은 우릴 즐겁게 해 주는 광대와 가수를 만나려고 해.

돌콩이 ▶ 끼 많은 연예인 두 분을 만나게 되다니 정말 기뻐요!

광대 ▶ 광대는 항상 천한 취급만 받았는데, 이렇게 반겨 주니 고맙구나. 요즘엔 연예인이 되고 싶어 하는 아이들이 많다지? 옛날에는 상상도 못 할 일이었단다.

가수 ▶ 요즘엔 우리나라 대중음악인 케이팝(K-Pop)이 세계적으로 인기를 끌고 있어서, 많은 연예인이 외국에 나가 공연을 하기도 해요.

돌콩이 ▶ 이러한 우리나라 대중문화의 세계적 열풍을 '한류'라고 해요. 한류는 한국을 세계에 알리는 데 큰 도움이 되고 있어요.

우리의 공연을 보고 즐거워하는 사람들을 보면 정말 뿌듯해.

광대 ▶ 옛날에도 국가의 큰 잔치에 참석하거나 사신의 일행으로 외국에 나가는 광대들이 있었어. 또 양반의 신분을 버리고 광대가 된 사람도 있었지. 바로 조

선 후기의 명창 권삼득이란다.

돌콩이 양반이 광대를요? 그 당시 광대
들은 모두 천민 아니었어요?

광대 그렇단다. 천민이었던 대다수의 광대
들은 힘든 삶을 살았지.

돌콩이 그렇군요. 요즘 연예인은 돈도 많이 벌고
편한 것 같은데…….

가수 그렇지 않단다. 모든 연예인이 다 성공을 하고 부자가 되는 것은
아니야. 몇 년씩 데뷔를 기다리며 연습만 하다가 포기하는 경우도
있고, 또 어렵게 무대에 섰어도 유명해지지 못하는 경우도 많지.
게다가 개인의 생활도 보호되기 힘들고, 인터넷에 떠도는 악성 댓
글들도 이겨 내야 한단다.

돌콩이 어휴, 그렇게 힘든데 어떻게 참고 일하세요?

가수 난 노래를 참 좋아하거든. 게다가 내 노래를 좋아해 주는 팬들도
있으니, 힘든 걸 잊고 무대에 올라가는 거란다.

광대 광대도 마찬가지! 사람들을 즐겁게 해 주는 일을 좋아하지 않는다
면 하기 힘든 일이야. 하지만 우리가 판을 벌이면 사람들은 눈을 반
짝이며 즐거워하지. 여기서 얻는 보람이 정말 크단다.

돌콩이 자신이 좋아하는 일을 열심히 하는 모습이 참 보기 좋네요. 저도
꼭 제가 좋아하는 일, 그리고 다른 사람을 기쁘게 할 수 있는 일을
할 거예요!

팬들의 사랑을
받으면 더욱 힘이
난단다.

43

가수

가수는 노래로 감동을 주는 사람이에요. 보통 대중음악을 하는 사람들을 가수라고 하고, 클래식 음악을 하는 사람을 성악가, 오페라 가수 등으로 부르지요. 가수가 되기 위해서는 노래를 잘 부르는 것도 중요하지만 마음을 두드리는 목소리, 가사에 감정을 잘 담아 부르는 능력도 중요하답니다.

아름다운 노래로 많은 사람에게
감동을 전하는 가수 폴 포츠

배우

배우는 영화, 연극, 드라마 등에서 연기를 하는 사람이에요. 주어진 대본과 감독의 연출에 따라 연기하지만, 스스로도 맡은 배역을 잘 표현하기 위해 끊임없이 노력해야 해요. 라디오 드라마나 영화 더빙으로 목소리 연기를 하는 성우도 배우예요. 뮤지컬에 출연하여 연기, 춤, 노래 등을 모두 보여 주는 뮤지컬 배우도 있지요.

배우들의 연극 무대

개그맨

재미있는 말과 행동으로 사람들에게 웃음을 주는 사람이에요. 개그맨이 되려면 사람들을 즐겁게 해 주는 끼와 열정이 있어야 해요. 그뿐만 아니라 주변 곳곳에서 웃음의 소재를 찾는 관찰력과 반짝이는 아이디어도 중요하답니다.

만능 엔터테이너
요즘은 연예인의 구분이 뚜렷하지 않아요. 가수와 배우 생활을 동시에 하기도 하고, 개그와 예능 프로그램에 함께 출연하기도 하지요. 이처럼 모든 분야에서 다양한 활동을 하는 만능 엔터테이너가 많아지고 있답니다.

무용수

춤추는 일을 직업으로 삼는 사람들을 무용수라고 해요. 발레, 현대 무용, 고전 무용 등 춤의 종류에 따라 다른 이름으로 불리기도 하지요. 춤은 몸짓으로 이야기를 전달하는 예술이므로 유연함과 표현력이 중요해요. 보통 안무가가 춤 동작을 만들고 그것을 무용수가 무대에서 표현하지요. 이 밖에도 가수 뒤에서 춤을 추는 백댄서, 곡예에 가까운 춤을 추는 비보이 등이 있답니다.

▲ 발레 하는 무용수

서당의 우등생 재동이

    설이 지나고 첫날입니다. 샘골 서당 훈장님은 아침 일찍 일어나 마당을 쓸기 시작했습니다.

    "원, 녀석들. 실컷 놀았으면, 뒷마무리를 하고 가야지."

    마당은 엉망이었습니다. 설을 쇠는 동안 아이들이 서당에 모여서 놀았던 흔적입니다. 평소에는 서당 다니기를 지긋지긋해하던 아이들도, 명절이 되어 훈장님이 자리를 비울 때면 신이 나서 들락날락하는 곳이 서당입니다. 훈장

쇠다 명절이나 기념일 등 특별한 날을 맞이하여 지내는 것.

님도 어려서 서당 학동으로 지냈던 시절이 있기 때문에 잘 알고 있지요.

"훈장님! 간밤 에 편안하셨습니까?"

산 너머 화전 마을에 사는 재동이가 제일 먼저 왔습니다.

"이리 주십시오. 제가 쓸겠습니다."

재동이는 훈장님에게 빗자루를 받아 들고는 마당을 쓸기 시작했습니다. 훈장님은 재동이가 일하는 모습을 바라보았습니다. 무얼 가르쳐도 금방금방 깨치는 재동이가 가난한 화전민의 아이라는 게 믿기지 않을 정도입니다. 재동이 어머니가 서당에 찾아와 녀석을 받아 달라고 사정하던 모습도 어딘지 모르게 반듯해 보였습니다.

간밤 어젯밤
화전 주로 산에서 풀과 나무를 불살라 버리고, 그 자리를 파 일구어 농사를 짓는 밭
화전민 화전에 농사를 짓는 사람

'무언가 사연이 있어서 산속에 숨어 사는 집인 것 같아.'

재동이는 어느새 마당을 다 쓸고 훈장님 앞으로 왔습니다.

"훈장님, 고향에 계신 어르신들은 모두 건강하신지요?"

"그래. 다행히도 모두 평안하단다. 너는 설을 잘 쇠었느냐?"

"예. 오랜만에 차례도 지냈습니다."

훈장님은 어째서 오랜만에 차례를 지냈는지 물어보려다가 그만두기로 했습니다.

　훈장님이 방에서 아침을 먹고 나왔을 때, 재동이는 마당에 쭈그리고 앉아 무언가를 쓰고 있었습니다. 단단한 나뭇가지로 마당에 글자를 적고 있었지요. 서당 공부 중에 습자는 강독 못지않게 중요하지만, 재동이는 가난한 화전민의 자식이라 종이를 구할 방법이 없었습니다. 그래서 재동이는 틈틈이 흙바닥에 글을 써 보는 것으로 대신하곤 했습니다.

　"재동이 너, 설 전에 벌써 『천자문』을 다 뗐지?"

재동이는 깜짝 놀라며 일어나 머리를 긁적였습니다.

"네."

"그럼 이제 『동몽선습』을 공부해야겠구나."

"아닙니다. 저는 『천자문』을 더 공부했으면 합니다. 완전히 익히려면 더 많이 읽고 써야 하니까요."

훈장님은 재동이의 깊은 속을 헤아렸습니다. 녀석이 새 책을 구할 만한 사정이 안 되는 것 같았지요. 그래서 품속에 넣고 있던 책을 꺼냈습니다.

"자, 받거라. 이 『동몽선습』은 네게 주는 것이다."

"어찌 제게……."

"지금까지 지켜보니 참 열심히 공부를 하더구나. 어쩐지 너는 큰 인물이 될 것 같구나. 어렵겠지만 공부를 쉬지 말고 하여라."

마침 학동들이 몰려들기 시작했습니다. 훈장님은 아이들과 안부를 주고받았습니다.

"이놈들! 설 쇠는 동안, 먹고 노느라 배운 걸 몽땅 까먹은 건 아니겠지?"

아이들은 헤헤, 웃음을 터뜨리며 안으로 몰려 들어갔습니다.

방으로 들어가기 전, 훈장님이 돌아보니 재동이는 책을 품에 꼭 안은 채 활짝 웃고 있었습니다. 갓 떠오른 해처럼 환한 미소였습니다.

우리가 학교에 공부를 하러 가듯이, 옛날 어린이들도 글을 배우러 서당에 갔어요. 옛날 어린이들에게 글을 가르치던 훈장님을 만나러 함께 가 볼까요?

문방사우
종이, 붓, 먹, 벼루를 뜻함

회초리
공부를 게을리 하거나 말썽을 부리는 학동을 때릴 때 사용한 나뭇가지

학동
서당에서 글을 배우는 아이

책
서당에 처음 간 학동들은『천자문』, 『훈몽자회』등의 책으로 글자를 익힌 후,『동몽선습』등으로 예절을 배움

정다운 마을 학교 선생님, 훈장

서당은 옛날에 마을마다 있던 학교예요. 주로 여덟 살에서 열다섯 살 정도 되는 아이들을 가르치던 곳이었지요. 서당에는 훈장과 학동이 있었어요. 오늘날로 치면 훈장은 선생님, 학동은 학생을 뜻해요.

서당은 누구나 자유롭게 세울 수 있었어요. 훈장이 스스로 서당을 차리기도 했고, 마을 사람들이 돈을 모아 서당을 세우고 훈장을 모시기도 했지요.

훈장들의 실력은 천차만별※이었어요. 실력이 뛰어난 훈장은 멀리서도 학생들이 찾아올 정도로 존경을 받았답니다.

※ **천차만별** 모두 차이가 있고 구별이 있음

서당에서는 무얼 배울까?

서당에서 학동이 처음 배우는 책은 『천자문』이에요. 이 책으로 한자를 하나하나 익히지요. 그다음에 『동몽선습』이나 『명심보감』 등으로 한문 문장을 해석하는 연습을 하고, 책 속에 담긴 교훈도 배웠어요.

훈장은 강독, 제술, 습자 세 가지 방법으로 학동들을 가르쳤어요. 강독은 한문을 읽고 뜻을 해석하는 것, 제술은 글을 짓는 것, 습자는 글씨를 쓰는 것을 말해요. 서당 공부는 주로 강독이 중심이 되었어요. 보통 책 한 권을 떼는 데 100번 이상 읽고 외우며 뜻을 새겼지요.

　서당에서는 책 밖의 여러 지식을 배우기도 했어요. 훈장은 제사, 결혼식과 같은 여러 의식이 어떤 의미인지 알려 주기도 했고, 들판에 나가 풀이름을 가르쳐 주기도 했지요.

모진 역사 속의 서당

　1900년대 초, 우리나라에 서당은 1만 6천 개에 이르렀어요. 그러던 것이 일제 강점기부터 점점 줄기 시작했지요. 서당 교육이 조선 사람에게 민족정신※을 불어넣는다며, 일본의 탄압을 받았거든요. 그때 많은 서당이 문을 닫고, 남아 있는 서당에서도 아이들을 몰래 가르쳐야 했지요. 시간이 흐를수록 일본의 탄압은 거세졌어요. 일본은 보통학교※를 만들고, 우리 땅에 일본식 교육을 들여왔지요. 결국, 1945년 광복이 될 즈음에는 서당의 수가 조선 시대의 3분의 1까지 줄었답니다.

※ **민족정신** 같은 민족이 공유하는 고유한 정신
※ **보통학교** 일제 강점기에, 우리나라 사람들에게 초등 교육을 하던 학교

옛날 직업 vs 요즘 직업 인터뷰

> 옛날 훈장님은 어떤 분이셨을까? 또 서당에서 무엇을 가르쳤을까? 궁금하지 않니? 오늘은 훈장님과 선생님을 모시고 대화를 나눠 보려고 해.

돌콩이 안녕하세요! 선생님과 훈장님 앞에 있으니 엄청 긴장되네요.

교사 하하, 훈장님이면 몰라도, 나는 그렇게 어려운 사람이 아니란다.

훈장 옛날에는 무서운 훈장이 많았지. 스승의 그림자도 밟으면 안 된다는 말도 있었잖니. 선생님, 요즘은 어떤가요?

교사 친구처럼 다정다감한 선생님이 많아요. 물론 선생님마다 다르고, 학생의 나이에 따라 대하는 자세가 다르겠지요. 그러나 초등학교에서는 되도록 아이들에게 가깝게 다가가려고 한답니다.

돌콩이 맞아요. 게다가 요즘엔 체벌이 금지되어 있어서 더 가깝게 느껴지는 것 같아요. 근데 옛날 서당에서는 학동들을 회초리로 때렸다면서요? 어휴, 많이 아팠을 것 같아요.

나는 학동들을 엄격하게 대했기 때문에 모두 날 무서워했지.

훈장 열 마디 말보다 회초리 한 대가 더 효과적일 때도 있단다. 예의범절에 어긋나거나 공부를 게을리하면 정신을 번쩍 들게 할 필요가 있으니까.

교사 그런 이유로 체벌을 놓고 오늘날에도 찬성

54

교과 수업도 중요하지만, 올바른 인성 교육은 더욱 중요해.

과 반대 의견이 팽팽해요.

돌콩이 아, 참! 서당에서는 한문을 배웠지요? 특히『천자문』이요. 그 많은 한자를 다 외워야 한다니, 정말 어려웠을 것 같아요.

훈장 그렇지. 하지만 서당에서『천자문』만 가르친 것은 아니란다.『천자문』을 다 배우고 나면 예절과 역사, 천문, 지리 등도 배웠어.

돌콩이 그럼 요즘 학교처럼 여러 과목이 있었던 거예요?

훈장 여러 과목이 있는 건 아니지만, 다양한 내용을 담고 있는 책을 읽어 나가는 거지.

교사 훈장님 혼자서 여러 과목을 담당했던 걸 보면 초등학교 선생님과 비슷한 것 같네요.

돌콩이 예나 지금이나 아이들이 말을 안 들으면 속상하시죠?

훈장 당연하지. 호통을 치지 않아도, 회초리를 들지 않아도 말을 잘 듣고 열심히 공부하면 얼마나 좋겠니?

교사 옛날이나 지금이나 아이들이 잘되길 바라는 마음은 같을 거야.

돌콩이 네, 앞으로 어른들 말씀 잘 듣는 착한 어린이가 될게요!

초등 교사

초등학교에서 학생들을 가르치는 선생님이에요. 초등 교사는 한 반을 맡아 모든 과목을 가르치며 학생들의 인성 교육과 생활 지도까지 담당하지요. 하루 종일 아이들과 함께하기 때문에 좀 더 가까운 관계를 맺고 아이들을 이끌어 줘요. 최근에는 영어, 체육, 과학 등 한 과목만 전문적으로 담당하는 선생님도 있답니다.

중등 교사

중·고등학교 선생님을 중등 교사라고 해요. 초등 교사와 다른 점은 선생님들이 교과별로 따로 있다는 점이에요. 중등 교사는 자신이 담당하는 교과를 연구하고 수업하지요. 물론 한 반을 담임하여 학생들의 생활 지도와 상담 등도 해요. 많은 학생을 돌봐야 하는 만큼, 교사로서의 사명감과 인내심이 필요하답니다.

유치원 교사

    유치원에서 만 3세 이상의 아이들을 가르치고 돌보는 선생님이에요. 유아들의 신체 발달이나 인성 교육에 힘쓰지요. 또 유아의 사회성을 길러 주고 따뜻하게 돌보는 일을 해요. 유아들은 세상에 대한 호기심이 많고 말도 서툴기 때문에, 유치원 교사는 항상 그들을 주의 깊게 관찰해야 해요.

학원 강사

    서당은 대부분 훈장 개인이 운영하는 사설 교육 기관이었어요. 그렇게 보면, 오늘날의 학원은 서당과 비슷하다고 할 수 있지요. 학원은 국어, 영어, 수학 등 부족한 교과를 보충하는 보습 학원과 피아노, 미술, 태권도 같은 예체능 학원 등으로 나눌 수 있어요. 학원 강사는 특별한 자격이 필요하진 않지만, 아이들을 가르친다는 점에서 사명감이 필요하지요.

하늘이 맑고 해가 밝게 빛나는 가을날, 사내아이들이 논두렁에 앉아 참새를 쫓고 있었습니다. 참새들은 튼실하게 여물어 가는 곡식을 호시탐탐ⓒ 노리며 무리 지어 날아다녔습니다. 그때 저 멀리서 한 아이가 빠르게 달려왔습니다.

"얘들아, 큰일 났어! 한돌이가 관아ⓒ에 붙들려 갔어. 어제 그 산삼 때문인가 봐."

"뭐? 그게 정말이야?"

아이들은 벌떡 일어나 관아로 달려갔습니다. 그 덕분에 참새들만 신이 나서 포르르 내려앉았습니다.

한돌이는 오랏줄ⓒ에 묶인 채 무릎을 꿇고 있었습니다. 가장 높은 곳에 앉아 있는 원님은 묵묵히 내려다볼 뿐이었습니다.

한돌이는 겁에 질린 얼굴로 눈물만 뚝뚝 떨어뜨렸습니다.

"도둑놈이 무슨 할 말이 있겠습니까? 우리 약방ⓒ에 들어와서 이것저것 물어보며 정신을 빼 놓더니, 다짜고짜 산삼을 집어 들고 줄행랑을 친 놈이 이놈입니다!"

원님 앞에서 굽실거리며 서 있던

ⓒ **호시탐탐** 남의 것을 빼앗기 위하여 기회를 엿봄
ⓒ **관아** 관리들이 나랏일을 보던 곳
ⓒ **오랏줄** 도둑이나 죄인을 묶을 때 쓰던 붉고 굵은 줄
ⓒ **약방** 옛날 약국

약방 주인이 말했습니다. 약방 주인은 한돌이 흉을 한참 동안
늘어놓았습니다.

"그래, 이 산삼이 얼마나 오래된 것이냐?"

원님이 산삼을 가리키며 약방 주인에게 물었습니다.

"그게 얼핏 50년은 되어 보입니다만……."

"얼핏이라고? 어쨌든 50년 묵은
산삼이라면 값이 꽤 나가겠구나."

"예, 그렇습죠! 그러니까
저 어린놈이 훔치지 않았겠
습니까."

"네가 이 산삼을 밖에 내
놓았더냐?"

"예. 지나가는 사람들이
잘 볼 수 있는 곳에 놓아두
었습죠."

원님은 다시 입을 다물었
습니다. 하지만 눈빛만은
예리하게 빛났습니다.

그때 밖에서 시끌시끌 실

랑이를 벌이는 소리가 났습니다.

"나으리! 원님 나으리! 저희를 들여보내 주십시오. 할 말이 있습니다!"

사내아이들이 뜰로 우르르 들어와 한돌이에게 와락 달려들었습니다. 그때까지 훌쩍이며 울고만 있던 한돌이가 아이들을 보고 입을 뻐끔거렸습니다.

"나으리! 이 아이는 벙어리라 말을 하지 못합니다. 저희가 대신 말하게 해 주십시오."

"한돌이는 손짓으로 말을 할 수 있습니다. 오랏줄을 풀어 주시면 저희가 알아들을 수 있습니다요."

아이들이 뜰에 납작 엎드려 앞다퉈 말했습니다.

"됐다! 들을 것 없다."

원님의 말에 아이들은 말문이 막혔습니다. 겨우겨우 용기를 냈던 아이들의 가슴이 덜컥 내려앉았고, 몇몇은 금세 눈시울을 붉혔습니다. 죄 없는 한돌이가 곤장※을 맞고, 옥에 갇힌다고 생각하니 가슴이 먹먹했기 때문입니다.

"여봐라! 당장 아이를 풀어 주고, 약방 주인을 옥에 가둬라!"

※ **곤장** 옛날 죄인의 엉덩이를 치던 형벌 또는 그 도구

사람들이 모두 어리둥절해 있는 가운데 원님이 말했습니다.

"약방 주인은 저 아이가 팔러 온 산삼을 탐낸 것이 분명하다. 자기가 갖고 있던 산삼이라면 몇 년 묵은 것인지 정확히 알 터! 또한 귀한 약재를 아무렇게나 늘어놓고 장사하는 사람은 없을 테니 말이다. 벙어리 아이가 이것저것 물어보았다고 거짓말까지 하다니, 네 어리석음이 못난 욕심만큼 지나치구나."

약방 주인은 그 자리에 털썩 주저앉고 말았습니다. 한돌이는 산삼을 돌려받고, 아이들과 함께 관아 밖으로 나왔습니다.

"모든 어른이 원님처럼 의로우면 정말 좋겠어! 한돌아, 이따 해가 지면 우리 아버지 모시고 다른 약방에 가 보자."

"그나저나 오늘 제일 신 난 건 참새들이겠다. 얼른 뛰자!"

들판으로 달려가는 아이들 뒤로 기울어진 해가 방긋 웃었습니다.

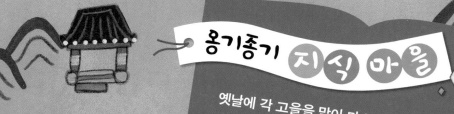

옹기종기 지식 마을

옛날에 각 고을을 맡아 다스리던 관리가 있었어요. 바로 원님이지요. 오늘날 각 지역을 다스리는 시장보다 더 많은 일을 한 원님에 대해 자세히 알아보아요.

전립
조선 시대에 무관이 쓰던 모자로, 붉은 실을 꼬아 둘러 장식함

전복
소매가 없는 조끼 형태의 두루마기

동달이
조선 시대 군복으로, 전복 안에 받쳐 입는 알록달록한 옷

등채
굵은 등나무로 만든 지휘봉으로, 사슴 가죽이나 비단 끈이 달림

환도
칼

목화
가죽으로 만든 목이 긴 신발로, 관리들이 신음

우리 고을의 임금, 원님

만백성을 다스리는 임금님! 하지만 나라 구석구석까지 일일이 돌보기는 힘들었겠지요? 그래서 임금님 대신 백성을 다스릴 사람을 각 고을에 내려보냈어요. 바로 원님이에요. 사람들은 원님을 수령이라고 부르기도 했지요. 이런 일을 하는 벼슬은 통일 신라 때 처음 생겼는데, 조선 시대에 수가 많아지고 힘도 더 커졌답니다.

원님의 힘은 한 고을을 좌지우지※할 만큼 컸기 때문에, 원님을 감시하는 제도가 있었어요. 또 자기 역할을 충실하게 해내지 못하거나 백성을 힘들게 한 원님은 벼슬을 빼앗기기도 했어요.

※ **좌지우지** 이리저리 제 마음대로 휘두르거나 다룸

원님의 의무, 수령칠사

수령칠사란 원님이 고을을 다스릴 때 명심해야 할 일곱 가지 임무를 말해요. 우선 첫째는 고을의 농사와 양잠※이 잘될 수 있도록 해야 했어요. 우리 민족이 대대로 농사를 지어 온 것을 생각하면 당연한 의무였지요. 둘째는 인구를 늘리는 것! 사람이 많아야 농사도 잘 짓고 나라가 발

전할 수 있으니까요. 셋째로 원님은 자기 고을의 선비들이 열심히 공부할 수 있도록 보살펴야 했어요. 넷째, 원님 개인의 이익을 위해서 군사를 움직이거나 백성에게 피해를 주는 것을 금지했지요. 다섯째, 가난한 사람에게 너무 많은 세금을 물리면 안 되었어요. 여섯째는 백성끼리 다툼이 있을 때 판결하는 과정을 간편하게 할 것, 일곱째는 도둑을 없앨 것이었어요. 일곱 가지 모두 백성이 보다 나은 삶을 살 수 있도록 힘써야 할 일들이지요.

※ **양잠** 실을 만들 누에를 기름

원님이 되고 싶다고?

조선 시대에는 신분 제도가 엄격했어요. 신분이 낮으면 나랏일도 할 수 없었지요. 원님이 되는 것도 마찬가지였어요. 양반, 그것도 과거에 합격한 양반만이 원님이 되어 나랏일을 볼 수 있었지요. 특히 과거를 보기 위해서는 법을 정리한 책인 『대명률』이나 『경국대전』 등을 열심히 공부해야 했어요. 하지만 나라가 어지러울 때는 돈을 받고 벼슬자리를 파는 '매관매직'이 셀 수 없이 늘어나기도 했어요. 그 결과 백성을 괴롭히며 재물을 빼앗는 탐관오리※가 많아져서 온 나라가 몸살을 앓기도 했답니다.

※ **탐관오리** 백성의 재물을 탐내어 빼앗는 관리

며칠 전, 우리 지역 시장님을 뽑는 선거가 있었어. 그런데 옛날의 지역 대표는 시험에 합격한 사람이었대. 그리고 지금보다 하는 일이 더 많았대! 함께 얘길 들어 보자!

돌콩이 ▶ 옛날 원님과 오늘날의 시장님은 많이 다르다면서요?

시장 ▶ 한 고을을 맡아 관리한다는 점에서는 비슷해. 하지만 옛날 원님은 더 많은 업무를 했지. 그렇지요?

원님 ▶ 네. 저는 마을의 일반적인 관리는 물론, 사법권*과 군사권*도 갖고 있었으니까요. 시장님께서는 행정만 맡아 하시지요?

시장 ▶ 그렇습니다. 근데 사법권, 군사권이라니 어마어마하군요. 지금 우리나라 헌법에서는 입법, 사법, 행정을 엄격하게 분리하고 있어요. 그래서 시장은 맡은 도시의 행정 업무만 맡습니다. 사법권은 검찰과 법원이 담당하고, 경찰서도 따로 있고요.

돌콩이 ▶ 사극 드라마를 보면 원님이 범죄자를 붙잡아 벌을 주던데, 그럼 시장님보다 원님의 힘이 더 센 거네요?

시장 ▶ 왕이 다스리던 옛날과 시민이 주인인 현대를 단순히 비교하기는 힘들지. 우리는 민주주의 사회에서 살고 있으니까. 하지만 하는 일만 놓고 본다면 더 막강한 권력을 가지고 있는 건 맞단다.

원님 ▶ 그렇지요. 저는 지금의 판사 역할도 하고 검사 역할도 했으니까요.

시민의 투표로 뽑힌 만큼, 시민을 위해 최선을 다해 일한단다.

아, 한 가지 놀라운 점이 있어요. 요즘 시장은 선거로 뽑는 다면서요?

시장 네. 시민의 투표로 뽑히기 때문에 시민의 뜻을 잘 이해하고 시민을 위해 일해야 하지요.

돌콩이 하지만 옛날에도 원님이 마음대로 다스릴 순 없었지요?

원님 하하하! 그렇지. 암행어사 같은 감시자들이 마을에 갑자기 찾아와 원님이 제대로 일하는지 살펴봤단다. 그렇지 않으면 얼마든지 탐관오리가 될 수 있으니까 말이야.

시장 현대의 시장은 열심히 하지 않거나 잘못을 하면 임기 중에라도 투표를 통해 물러날 수도 있어요. 이것이 바로 '주민 소환제'예요. 예나 지금이나 한 사회를 잘 운영해 나가려면 여러 가지 제도가 필요한 것 같습니다.

돌콩이 그러니 시장님! 시민을 위해 항상 열심히 일해 주세요!

시장 그래. 잘 지켜봐 주렴!

난 요즘으로 따지면 시장, 재판장, 군 지휘자의 일을 모두 한 셈이란다.

※ **사법권** 재판할 수 있는 권한
※ **군사권** 군대를 다스릴 수 있는 권한

자치 단체장

한 지역의 행정을 맡아보는 도지사, 시장, 군수 등을 자치 단체장이라고 해요. 중앙 정부의 일을 지방에서 대신하는 사람이라고 할 수 있지요. 우리나라에서는 1995년에 지방 자치 단체장 선거가 처음 실행됐으며, 지금은 지방 선거를 통해 뽑아요. 자치 단체장은 지역 주민들로부터 걷은 세금과 중앙 정부의 보조를 받아 자치 단체의 살림을 맡아보지요.

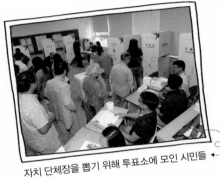

자치 단체장을 뽑기 위해 투표소에 모인 시민들

판사의 상징인 판사봉과 공평함을 상징하는 저울

판사

법원에서 재판을 진행하고 판결을 내리는 사람이에요. 법관, 재판관이라고도 하지요. 판사는 재판할 때 법과 양심에 따라 심판을 해요. 판사 한 사람, 한 사람이 어디에도 속하지 않고, 독립적으로 공평하고 올바르게 판단을 내리는 것이지요. 명예롭고 막중한 임무를 가진 만큼, 사건에 대한 책임감과 인간에 대한 따뜻한 마음을 지니는 것이 중요하답니다.

국회 의원

국민의 대표로 국회를 이루는 사람들이에요. 국회는 국민의 생활을 편리하게 해 주는 법을 만들고, 나라 살림을 꾸려 나가기 위한 예산※ 등을 심사하지요. 국회 의원은 이곳에서 국민의 의견에 귀 기울이고, 사회의 여러 문제를 해결하며, 국민의 더 나은 삶을 위해 고민하고 노력해야 한답니다.

나라의 대표를 뽑는 선거 종류
- 대통령 선거 : 대통령을 뽑는 선거로, 임기가 5년이기 때문에 5년마다 선거를 치러요.
- 국회 의원 선거 : 국회 의원을 뽑는 선거로, 임기가 4년이기 때문에 4년마다 선거를 치러요.
- 지방 선거 : 각 지역을 대표할 단체장을 뽑는 선거예요. 도지사, 시장, 군수 등을 뽑지요.

→ 국회 의원이 일하는 국회 의사당

※ **예산** 필요한 비용을 미리 계산한 것

공무원

국가나 공공 단체에서 일하는 사람을 뜻해요. 대통령이나 각 부처 장관, 경찰, 소방관, 공립 학교 교사 등이 모두 공무원에 속하지요. 공적인 일을 하는 사람이므로 정직해야 하고, 나라와 국민을 위해 봉사해야 하므로 사명감과 봉사 정신이 투철해야 한답니다.

역사를 기록하는 자

시원한 가을바람이 불어오는 오후였습니다. 윤봉이네 대청마루 에서 윤봉이와 명원이가 책을 읽고 있었습니다. 바람에 책장이 팔락거리자 윤봉이는 책에서 눈을 떼고 고개를 들었습니다. 맞은편에 앉아 있는 명원이는 꼼짝도 않고 책을 읽는 데 열중하고 있었습니다.

"그 책이 그렇게 재미있어?"

"응?"

명원이는 겨우 얼굴을 들고 윤봉이를 쳐다봤습니

※ **대청마루** 한옥에 있는 큰 마루

70

다. 어딘가 먼 나라에 다녀온 것 같은 표정입니다.

"그 책『동국사략』이잖아. 대체 몇 번이나 읽는 거야?"

"헤헤, 재밌어서 자꾸 보게 되네."

"누가 사관 댁 도련님 아니랄까 봐."

윤봉이가 잔소리하자 명원이가 배시시 웃었습니다.『동국사략』은 단군 시대부터 삼국 시대 말까지의 역사를 기록한 책입니다. 명원이가 가장 좋아하는 책이지요.

"옛날 일들을 이렇게 알 수 있다는 게 정말 신기해. 나도 사관이 되면 이런 역사 기록을 할 수 있겠지?"

"에이, 꿈을 좀 크게 가져 봐. 내가 너라면 영의정 정도는 꿈꿔 볼 텐데……."

"왜? 사관이 어때서?"

명원이 얼굴에서 웃음이 사라졌습니다. 윤봉이는 아차 싶었습니다. 명원이 아버지는 나라의 기록물을 관리하는 사관이기 때문입니다.

물론 사관이 되려면 글을 잘 쓰고 집안도 좋아야 하지만, 그다지 높은 벼슬이라고

는 할 수 없습니다. 윤봉이는 서당의 훈장님께서 매번 명원이를 칭찬하는 소리를 들었습니다. 훈장님은 '명원이는 장차 임금님을 가까이서 모시게 될 거야.' 하면서 명원이를 치켜세우셨지요. 윤봉이는 자신의 가장 친한 친구가 똑똑하고 인품도 훌륭하다는 것을 늘 자랑스러워했습니다. 그런 명원이가 사관이 되겠다고 하니, 윤봉이는 크게 아쉬웠지요.

"춘부장※께서는 전주에 가셨다지?"

윤봉이가 말을 돌리자 명원이는 그제야 다시 미소를 지었습니다.

"응. 전주 사고※에 포쇄 작업을 하러 가셨어."

※ **춘부장** 다른 사람의 아버지를 높여 부르는 말
※ **사고** 옛날에 국가의 중요한 문서나 책을 보관하던 곳

"포쇄라면, 실록을 밖에 두고 바람에 말리는 거지?"

"오, 제법인데! 장차 사관의 친구가 될 자격은 충분하구나."

명원이의 말에 윤봉이는 못 말리겠다는 듯 고개를 저었습니다.

"네가 만날 얘기했잖아. 사고에 보관된 실록을 잘 말려 두어야 벌레가 먹거나 상하지 않는다고."

"내가 그렇게 많이 말했어? 이런, 사관이 되려면 입이 무거워야 하는데!"

두 친구는 마주 보고 크게 웃었습니다.

그림자가 길어질 때쯤, 명원이와 윤봉이는 함께 집을 나섰습니다. 큰길까지 명원이 아버지 마중을 나갈 참이었습니다.

"전주까지 꽤 먼 길인데 많이 힘드시겠다."

윤봉이가 명원이의 걸음에 보조를 맞춰 걸으며 말했습니다.

"그러시겠지. 그런데 아버지는 포쇄하러 가실 때마다 매우 즐거워하셔. 이참에 나들이 간다고 좋아하시지만, 사실은 포쇄 작업을 좋아하시는 거야."

"서고에서 책을 한 권 한 권 꺼내서 바람에 말리는 건데, 그게

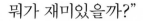

뭐가 재미있을까?"

윤봉이는 고개를 갸웃했습니다.

"실록을 오래 보존하려면 꼭 필요한 일이래. 그리고 옛날 임금님들의 이야기가 담긴 책을 한 권씩 만져 볼 수 있어서 명예롭다고도 하셨어. 그게 어떤 기분일지 나도 알 것 같아."

명원이가 꿈꾸는 듯한 얼굴로 말했습니다. 윤봉이는 문득 명원이가 부러워졌습니다.

"명원아, 난 이다음에 꼭 임금님을 가까운 데서 모시는 일을 할 거야. 그럼 너랑도 자주 보겠지?"

"그럼. 네가 임금님이랑 대화를 나누고 있을 때, 내가 그 옆에서 사초를 적고 있을게."

명원이가 잠깐의 망설임도 없이 대답했습니다.

"와, 임금님과 우리 둘이 함께 앉아 있을 걸 생각하니 가슴이 떨린다."

"거봐, 사관은 멋진 직업이라고!"

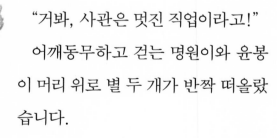

어깨동무하고 걷는 명원이와 윤봉이 머리 위로 별 두 개가 반짝 떠올랐습니다.

역사 기록자, 사관

사관은 역사서를 만들기 위해 초고[※]를 쓰는 일을 맡아보던 사람이에요. 삼국 시대부터 사관이 있었다고 하는데, 자세한 기록은 고려 때부터 찾아볼 수 있어요. 조선 시대에는 춘추관이라는 기관에서 나랏일에 대한 기록을 맡아보았지요. 사관은 당번을 정해 궁궐에서 먹고 자면서 모든 회의와 행사에 참석하고 그 일을 모두 기록했어요. 함부로 기록을 없애거나 고치는 일, 어느 한편에 불리하거나 유리한 일을 빼놓는 일, 기록의 내용을 다른 사람에게 알리는 일 등은 법에 의해 엄하게 다스렸어요. 사관은 높은 벼슬은 아니었지만 역사를 기록한다는 점에서 자부심[※]이 높았답니다.

※ **초고** 여러 번 고쳐 쓸 원고 중 맨 처음 원고
※ **자부심** 스스로 자신의 가치나 능력을 당당히
  여기는 마음

『조선왕조실록』과 사고

『조선왕조실록』은 조선 시대 왕에 관한 기록은 물론, 천재지변[※]이나 천문 관측 자료까지 포함하고 있어 우리 역사를 연구하는 데 아주 귀중한 자료예요. 조선 전기에는 『조선왕조실록』을 안전하게 보전하기 위해

춘추관 사고·충주 사고·상주 사고·전주 사고, 총 네 군데의 사고가 운영되었어요. 그러나 임진왜란※ 때 춘추관 사고·충주 사고·상주 사고에 불이 나 전주 사고의 실록만이 남았어요. 그래서 임진왜란 이후에 태백산, 마니산 등 사람이 많이 지나다니지 않는 안전한 산속에 사고를 만들었답니다.

※ **천재지변** 홍수나 태풍 등의 자연 현상으로 인한 재앙
※ **임진왜란** 1592년~1598년까지 두 번에 걸쳐 일본이 우리나라에 침입해 벌어진 전쟁

책에 바람을 쐬어 주는 작업, 포쇄

『조선왕조실록』이나 의궤※ 같은 기록물은 종이로 만들어졌기 때문에 습기에 상하거나 벌레 먹기가 쉬웠어요. 그래서 이런 중요한 책들은 3년에 한 번씩 바람에 내어 말렸는데, 이것을 '포쇄'라고 해요. 봄이나 가을에 맑은 날을 택하여 춘추관에서 파견된 사관이 서고에 찾아가 포쇄를 했지요. 의복을 갖추어 입은 사관이 깍듯이 예를 갖추어 책을 한 권 한 권 살펴보고 바람을 쏘인 후에 다시 사고에 넣었다고 해요.

※ **의궤** 나라에서 큰일을 치를 때, 그 일의 전 과정을 자세하게 적은 책

옛날, 나라의 역사를 기록한 사관은 오늘날의 누구와 비교할 수 있을까? 매일의 사건 사고를 기록하는 기자와 비슷하지 않니? 이 두 분을 만나 더 자세히 알아보자!

돌콩이 ▶ 사관님과 기자님 두 분 모두 나라의 일을 기록한다는 점에서 하시는 일이 비슷한 것 같아요.

기자 ▶ 그렇단다. 나는 우리 사회에서 일어나는 여러 소식을 사진, 동영상, 기사문 등으로 기록하여 사람들에게 전달하지. 사관님도 정보를 남기는 일을 하셨지요?

사관 ▶ 네, 맞습니다. 나라에 있었던 일, 특히 왕과 관련된 일을 현장에서 바로바로 기록하였지요. 그러한 사실 정보에다가 자신의 의견인 논평을 덧붙이기도 했어요.

임금님과 나라에 대한 것을 기록하는 일은 정말 명예로운 일이지.

기자 ▶ 아, 그럼 사관 개개인의 역사관이 기록에 남았겠네요.

돌콩이 ▶ 역사관이 뭐예요?

사관 ▶ 역사관이란 역사에 대해 갖고 있는

생각을 말해. 어떤 일에 대해 의견을 낸다는 것은 그 일의 옳고 그름을 판단하는 것이지.

기자 ▶ 그럼 사관은 사건의 기록을 남기는 기자의 일과 역사를 해석하는 역사학자의 일을 동시에 했던 셈이네요.

사관 ▶ 그렇다고 볼 수 있지요.

돌콩이 ▶ 하지만 논평을 한다고 해도 그게 제대로 기록됐을까요? 왕의 눈치가 보여서 다 좋은 이야기만 썼을 것 같아요.

사관 ▶ 왕은 사관의 기록물을 볼 수 없었단다. 그래야 정확하고 공정한 기록을 할 수 있으니까.

기자 ▶ 그건 참 좋은 제도라고 생각합니다. 권력자의 눈치를 본다면 올바른 역사를 기록할 수 없겠지요. 저흰 의견을 덧붙이진 않고 최대한 사실만을 전달하기 위해 노력한답니다.

국민의 알 권리를 위해서 사회 모든 일들을 전해 줄 거야!

돌콩이 ▶ 아, 사관님은 주로 궁에서만 기록하셨지요? 반면에 기자님은 여기저기 바쁘게 돌아다니며 취재하시느라 힘드실 것 같아요.

기자 ▶ 그렇단다. 발로 뛰는 직업이니 튼튼한 체력은 필수지.

돌콩이 ▶ 사관과 기자, 역사를 남기는 두 직업 모두 멋있네요. 사관님! 값진 역사 기록을 전달해 주셔서 감사해요. 기자님! 앞으로도 사람들에게 새로운 사실을 많이 전해 주세요!

기자

　우리 사회에서 일어나는 여러 소식과 사건 등을 사진이나 동영상, 기사문으로 만들어서 사람들에게 알려 주는 사람이에요. 기자는 일하는 장소와 역할에 따라 신문 기자, 사진 기자, 방송 기자 등으로 나뉘어요. 정보를 전달할 때는 사실을 있는 그대로 정확하게 보도하는 것이 가장 중요해요. 따라서 새로운 정보를 마주할 때, 고정 관념※이나 편견※ 없이 정보를 바라보고 기사를 써야 하지요.

新로운 소식을 취재하는 기자들

※ **고정 관념** 잘 변하지 않는 확고한 생각
※ **편견** 공정하지 않게 한쪽으로 치우친 생각

속기사

　사람의 말을 빠르게 받아 적고, 나중에 그 내용을 사람들이 알기 쉽게 풀어 쓰는 사람이에요. 요즘에는 속기용 기계나 컴퓨터 프로그램 등을 이용하지요. 속기사는 주로 국회·법원·방송국 등에서 일한답니다.

판사 앞에 앉아 오가는 대화를 기록하는 법원의 속기사

역사학자

역사를 공부하고 연구하는 사람이에요. 옛날 기록을 해석하거나 새로운 역사적 사실을 밝혀내는 일을 하지요. 기존의 역사 해석을 다르게 해석하거나, 당연하다고 생각하는 역사 사실을 의심하고 문제를 제기하기도 해요. 따라서 올바른 역사관을 갖고 연구해야 해요.

사서

도서관에 있는 자료를 관리하는 사람이에요. 자료를 구입하고, 종류별로 나누어 목록을 작성하며, 방문자들이 원하는 자료를 검색하여 찾아 주는 일 등을 하지요. 사서가 되기 위해서는 책을 사랑하는 마음이 가장 중요하답니다.

사회 평론가

사회에서 발생하는 여러 사건이나 현상을 비평※하는 사람이에요. 정치, 경제, 문화 등 여러 사회 분야에서 생기는 문제점을 분석하여 어떤 상황인지 알려 주지요. 빠르게 변하는 현대 사회의 여러 현상을 잘 비평하기 위해서는 항상 세상일에 관심을 기울이고 있어야 한답니다.

※ **비평** 사물의 옳고 그름 등을 분석하여 가치를 평가하는 것

쇠를 다루는 사내들

대장장이

쿵쾅쿵쾅
치익치이익
쓱싹쓱싹

쿵! 쾅! 쿵! 쾅!

아직 대장간*이 보이지도 않는데 요란하게 메질하는 소리가 멀리서 들려왔습니다. 환이는 떡이 든 보자기를 가슴에 끌어안고 발걸음을 더 빨리했습니다. 대장간이 가까워질수록 메질 소리에 따라 쿵쾅쿵쾅 가슴이 뛰었습니다.

"아버지."

환이는 대장간 입구에서 잠시 머뭇거리다가 조그맣게 아버지

※ **대장간** 쇠를 녹여 다양한 도구를 만드는 곳

를 불렀습니다. 하지만 대장간은 요란한 메질 소리에다 치이익 치이익 물에 담근 쇳덩이가 내뿜는 소리, 쓱싹쓱싹 숫돌^에 칼 가는 소리가 가득해서 환이의 자신 없는 목소리가 들릴 턱이 없었습니다.

환이가 대장간 안으로 몇 걸음을 옮겼을 때였습니다.

"저리 비켜! 웬 녀석이 겁도 없이!"

누군가 소리치는 바람에 환이는 움찔 놀랐습니다. 시뻘겋게 달구어진 쇳덩이가 환이의 코앞을 스치듯 지나갔습니다. 장 씨 아저씨였습니다. 아저씨는 쇳덩이를 모루 위에 올려놓았습니다.

"아…….."

환이가 우물쭈물 인사를 하려 했지만, 장 씨 아저씨는 환이에게 알은체도 하지 않았습니다. 워낙 정신없이 바쁜 터라 그렇겠지만 환이는 얼굴이 빨개졌습니다.

❋ 숫돌 칼이나 낫 등의 연장을 갈아 날을 날카롭게 만드는 돌

대장간에는 스무 명도 넘는 사내들이 풀무질을 하고, 쇳덩이를 달구고, 담금질을 하는 등 바쁘게 일하고 있었습니다.

환이는 대장간 안을 찬찬히 살펴보았습니다. 위아래로 길쭉하게 자리 잡고 있는 화덕에서는 시뻘건 불길이 금세라도 쏟아져 나올 것처럼 이글거렸습니다. 화덕 주위에는 쇳덩이로 만들어진 모루가 여러 개 있었는데, 각 모루마다 한 사람씩 메질을 하고 있었습니다. 아저씨들의 몸은 땀으로 범벅이 되어 있었습니다. 저고리를 벗고 웃통※을 드러낸 분도 보였습니다.

'나 같은 부끄럼쟁이도 저런 일을 할 수 있을까?'

환이가 걱정스럽게 화덕을 바라보고 있는데 누군가 어깨를 툭 쳤습니다.

"환이가 웬일이냐?"

"아버지, 어머니가 막내 백일※ 떡을 했다고 나눠 드시라고……."

"그래? 자자, 여보게들! 우리 막내 백일 떡이 왔으니, 지금 하는 것만 마무리하고 한숨 돌리고 가세!"

※ **웃통** 몸에서 허리 위의 부분
※ **백일** 아이가 태어난 지 백 번째 되는 날

아버지의 우렁찬 목소리는 시끄러운 대장간 구석구석
까지 울려 퍼졌습니다.
　　아저씨들이 모두 한자리에 모여 앉기까지는 한참이 걸
렸습니다. 불에 달군 쇳덩이는 바로바로 메질을 하고 담금질도
해야 하기 때문이지요.
　　"환이, 정말 많이 컸구나. 올해 몇 살이지?"
　　장 씨 아저씨가 떡 한 덩이를 입으로 가져가며 물으셨습니다.
아까와 다르게 다정한 목소리였습니다.
　　"열세 살이요…….."
　　환이는 아저씨들이 모두 자기를 쳐다보자 다시 얼굴이 빨개
졌습니다.
　　"이 녀석이 워낙 숫기※가 없어서 걱정이라네. 대장장이
가 되려면 어른들 사이에서도 할 말은 하고 살아야 할
텐데."
　　아버지가 다정스레 환이의 어깨를
다독이며 말씀하셨습니다.
　　"일을 가르치는 데는

※ **숫기** 활발하여 부끄러워하지
　않는 기운

이런 녀석이 낫습니다. 불평불만 많고 수다스러운 녀석들은 일을 제대로 하는 법이 없지요."

"그럼요. 대장장이가 입으로 일한답디까?"

"그 녀석, 어깨도 단단한 게 딱 대장장이감인데요?"

아저씨들이 저마다 한마디씩 보탰습니다. 환이는 슬며시 웃음을 지었습니다. 어쩐지 아까보다 훨씬 용감해진 느낌이었습니다.

"자, 잠시 쉬었으니 다시 일을 시작하세. 화덕의 불이 울고 있네그려."

대장간은 다시 활기로 넘쳤습니다.

"안녕히 계세요! 또 뵙겠습니다!"

대장간을 나서는 환이가 이번에는 큰 소리로 인사를 했습니다. 몇몇 아저씨들이 손을 번쩍 들며 잘 가라고 눈인사를 해 주었습니다.

대장장이가 궁금해요!

쇠를 다루는 장인, 대장장이

대장장이는 쇠를 달구어서 호미나 낫처럼 생활에 필요한 갖가지 도구를 만들던 사람이에요. 대장장이가 일하는 곳을 대장간이라고 하고요.

대장장이는 농기구뿐 아니라 칼과 창, 화살촉 같은 무기까지 만들었어요. 그렇기 때문에 나라에서 직접 관리하고, 관청에 딸린 대장간에서 일했지요. 조선 후기에는 대장장이들이 차츰 관청을 떠나 직접 대장간을 운영하기도 했어요.

대장장이는 백성들의 삶에 꼭 필요한 사람이었지만, 조선 시대에만 해도 천한 신분이었던 까닭에 고달프게 살았어요.

대장간에선 무슨 일이?

대장장이는 어떻게 쇠로 물건을 만들까요? 먼저 아주 센 불을 피워 쇠를 달궈야 해요. 이때 필요한 것이 바로 화덕. 커다란 화로라고 보면 되는데, 그 안에 숯을 넣어 불을 피웠답니다.

쇠가 화덕에서 새빨갛게 달구어지면, 모루 위에 올려놓고 메로 두드리지요. 모루는 쇠를 올려놓는, 쇳덩이로 된 받침이에요. 메는 쇠를 두드리는 도구이고요. 이렇게 메로 쇠를 두드리는 일을 메질이라고 한답니다.

메질을 한 쇠는 찬물에 집어넣어 재빨리 식히는 담금질을 해요. 메질과 담금질을 여러 번 반복하면서 물건의 모양을 갖춰 나가는 거예요. 마지막으로 물건을 숫돌에 갈면 일이 모두 끝나요.

대장장이가 꼭 필요한 이유

옛날부터 농사를 지어 온 우리 민족에게 대장장이의 역할은 아주 중요했어요. 농사를 잘 짓기 위해서는 쉽게 닳거나 무뎌지지 않는 단단한 농기구가 필요했으니까요. 대장장이가 얼마나 좋은 농기구를 만드느냐에 따라 수확이 달라질 수 있었지요. 농기구가 부러지거나 무뎌졌을 때에도 대장장이가 손을 보았답니다.

다른 나라와 전쟁을 치르려면 강하고 날카로운 무기가 필요했어요. 무기를 만드는 사람도 역시 대장장이! 집이나 성, 궁궐을 지을 때에도 대장장이가 건축에 필요한 여러 가지 도구를 만들었답니다. 또한 문의 경첩※이나 문고리처럼 쇠로 된 물건도 대장장이의 손을 거쳐야 했어요.

※ **경첩** 문짝이나 창문을 다는 데 쓰는 철물

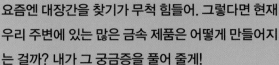

요즘엔 대장간을 찾기가 무척 힘들어. 그렇다면 현재 우리 주변에 있는 많은 금속 제품은 어떻게 만들어지는 걸까? 내가 그 궁금증을 풀어 줄게!

돌콩이 ▶ 대장장이님! 조선 시대까지만 해도 대장간이 정말 많았다면서요?

대장장이 ▶ 그랬단다. 예전엔 호미나 낫 같은 농기구와 숟가락 같은 작은 물건 등을 만들었지. 지금은 대장간이 없니?

금형 기술사 ▶ 아, 지금도 있긴 합니다만, 많이 사라져서 거의 찾기 힘듭니다. 요즘엔 물건을 대량으로 만드는 공장이 많아서 더욱 그렇지요. 그래서 대장장이의 일을 그대로 이어받은 현대 직업은 찾기 어려워요. 저는 공장에서 제품을 생산할 때 사용할 제품의 틀을 만드는 일을 합니다. 오늘날에는 기계가 많이 발달해서 대부분의 물건을 공장에서 만들지요.

우린 거의 모든 공산품◈을 생산하는 데 필요한 직업이란다.

대장장이 ▶ 편리한 시대군요. 옛날에는 물건 하나를 만들려면, 대장간에서 모든 과정을 다 해냈지요. 화덕에 불을 지피고, 풀무질을 하고, 쇠를 달구어 메질을 해서 기구를 만들었어요.

금형 기술사 ▶ 요즘에는 어떤 물건을 만들 때, 혼자서 모든 과정에 참여하기 어려워요. 예를 들어 컴퓨터를 만들 때, 여러 공장에서 전문적으로 만든 부품을 한데 모아서 한 제품으로 만들지요.

돌콩이 ▶ 요즘 기계들은 워낙 복잡하고 어려운 기술이 많아서 더욱 그런 것 같아요. 예전에 고장 난 장난감 로봇을 뜯었다가 다시 조립하지 못하고 버린 일이 생각나네요. 작은 장난감 하나도 얼마나 복잡하다고요.

금형 기술사 ▶ 하하, 그래서 작은 부품 하나도 소중히 다루어야 하는 거란다. 또 기계를 다룰 땐 안전에도 항상 신경을 써야 해. 자동화되어 있는 기계에 손이나 눈 등이 다치지 않도록 말이야.

대장장이 ▶ 대장장이는 불이 활활 타오르는 화덕 앞에서 일하기 때문에 항상 불을 조심해야 했어요. 작은 실수에도 화상을 입을 수 있으니까요.

돌콩이 ▶ 어떤 작업 환경이든지 안전하게 일할 수 있도록 항상 주의해야겠네요. 안전제일! 잊지 않을게요.

옛날 대장장이는 없어서는 안 될 중요한 직업이었지.

❀ **공산품** 공업적인 과정을 거쳐 만들어지는 제품

금형 기술사

금형 기술사는 금형에 대한 전문적인 지식과 기술을 가진 사람이에요. 금형이란 금속 형태의 본, 즉 금속 틀을 뜻해요. 간단한 장난감부터 자동차, 선박, 항공기에 이르기까지 금형이 필요한 분야는 매우 많지요. 따라서 기계나 전기 전자의 연구, 설계, 제조 등 모든 분야에 꼭 필요한 직업이랍니다.

금속 공예가

금속을 이용해서 생활에 필요한 물건이나 장식품을 만드는 사람이에요. 금속 공예품을 만들 때는 작가의 톡톡 튀는 아이디어가 있어야 개성 있는 물건을 만들 수 있어요. 또 손재주가 뛰어나야 섬세하고 좋은 작품이 나올 수 있답니다.

자동차 정비사

자동차가 정상적으로 작동하지 않을 때, 문제가 되는 부분을 찾아내어 수리하는 사람이에요. 자동차는 현대인의 아주 중요한 이동 수단이고, 자동차의 수 또한 점점 늘어나고 있기 때문에 자동차 정비 기능사도 많이 필요해요.

산업 디자이너

산업에 의해 대량으로 만들어지는 공산품을 디자인하는 사람이에요. 작은 장난감부터 각종 생활용품, 가전제품 등을 디자인해요. 또 자동차와 비행기 같은 교통수단을 디자인하는 일도 산업 디자이너의 일이랍니다.

나그네들의 휴식처

주모

"네가 정말 열두 살이냐?"

주모가 금이를 위아래로 훑어보며 말했습니다. 금이 얼굴이 빨개졌습니다.

"그럼요. 뭐하러 나이를 속이겠습니까?"

곱단네 아주머니가 재빨리 대답했습니다. 금이는 며칠 전에 어머니마저 잃고 고아가 되었습니다. 주막에서 일을 거

들면 밥은 굶지 않는다는 말을 듣고 곱단네
아주머니를 따라나선 길이었습니다.

"아이가 덩치는 작아도 아주 야무
답니다."

"그거야 두고 보면 알겠지요."

주모는 금이를 마음에 들어 하지 않는
것 같았습니다. 금이는 도망가고 싶었습
니다.

그때 등짐장수*들이 줄을 지어 주막 안으로 들어섰습니다.

"주모! 여기 장국밥 네 그릇만 주시우."

"여기는 다섯 그릇이오. 술도 좀 내오시게."

"예, 알겠습니다! 애, 얼른 가서 국 좀 퍼라."

금이는 주모에게 떠밀려 부엌으로 들어갔습니다. 그 바람에
곱단네 아주머니와는 인사도 제대로 못 하고 헤어졌습니다.

장터로 가는 길목에 자리한 주막에는 하루 종일 손님이 끊이
지 않았습니다. 금이는 허리를 펼 새도 없이 계속 국을 푸고 설
거지를 했습니다. 팔이며 다리며 아프지 않은 곳이 없었지만, 열

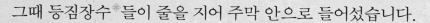

※ **등짐장수** 물건을 등에 지고 다니며 파는 사람

심히 일했습니다.

"이제야 손님이 좀 뜸하구나."

금이가 돌아보니 주모가 부엌에 들어와 있었습니다. 밖에는 이미 어둠이 내렸고, 얼핏 초승달이 보였습니다.

"잠시 부뚜막※에 앉아 쉬어도 되겠다. 오늘은 유난히 손님이 많네."

주모는 처음 봤을 때보다 표정이 한결 누그러져 있었습니다.

"어머니랑 단둘이 살았다고?"

※ **부뚜막** 불을 때기 위해 만든 구멍 위에 솥을 걸어 놓는 언저리

"예. 아버지는 사냥꾼이셨는데 산에서 돌아가셨고요. 어머니는……."

어머니가 병에 걸려 돌아가셨다는 이야기를 하려는데 갑자기 눈물이 왈칵 쏟아졌습니다. 금이가 울고 있는 동안 주모는 장국밥을 말았습니다. 그리고 상에 올려 금이 앞에 놓아 주었습니다.

"처음에는 너를 안 받으려고 했단다. 어린 계집애에게는 힘든 일이니 차라리 어느 집 애보개*로 들어가는 게 낫지 않나 싶기도 하고."

금이는 가만히 눈물을 닦았습니다.

"얼른 먹어. 하도 바빠서 밥 챙겨 줄 생각도 못 했네."

배고픈 줄도 모르고 일했던 금이는 급히 숟가락을 들어 장국밥을 먹기 시작했습니다.

"요령이나 게으름을 피울 아이 같지는 않구나. 좋다! 우리 집에 있어라. 장날에는 좀 힘들겠지만 밥을 굶지는 않을 게다."

밖에서 다시 와자지껄 떠드는 소리가 들려왔습니다.

"주모! 주모!"

※ **애보개** 아이를 돌보는 일을 맡아 하는 사람

배고픈 나그네들이 주모를 불러 댔습니다.

"이래서야 원, 뒷간에 갈 시간도 없지 뭐냐. 그래도 먼 길 오가는 나그네들을 배불리 먹이고 재울 수 있으니 이만하면 괜찮은 일 아니겠니?"

"예."

주모가 빙그레 웃었습니다. 그러고는 빈대떡 접시를 상 위에 올려 주었습니다.

"널 보고 누가 열두 살이라고 하겠어? 요령껏 손님들이 남긴 빈대떡이라도 주워 먹으며 얼른 커야지. 예쁘게 자라면 시집도 보내 줄게."

주모가 팔을 둘둘 걷어붙이며 부엌을 나섰습니다. 금이가 다시 숟가락을 들었을 때 장국밥은 여전히 따뜻했습니다.

나그네의 쉼터, 주막

주막은 먼 길을 여행하는 사람들이 밥이나 술을 먹으며 쉬어 가는 곳이었어요. 원래 조선 시대 초기에는 나라에서 운영하는 '원'이라는 숙박 시설이 있었지요. 그런데 임진왜란 이후에 상업이 활발해지면서 백성이 꾸리는 주막이 많이 생겨나 원을 대신하게 됐답니다.

나그네들은 주막에서 장국밥으로 끼니를 때우고, 빈대떡·생선구이·육포 등을 안주 삼아 탁주나 소주를 마시곤 했어요. 음식값만 내면 잠은 공짜로 잘 수 있었지요. 봉놋방이라고 불리는 온돌방 한두 칸에 많은 사람이 끼어 자니 편한 잠자리는 아니었지만 말이에요.

주막의 주인은 남자보다 여자가 많았는데, 주막 여주인을 주모라고 불렀어요. 주모는 조선 시대, 따로 일자리를 갖기 어려웠던 여성들의 몇 안 되는 직업이었답니다.

어서 오세요!

역참 제도

교통·통신 시설이 발달하지 않았던 옛날에도 멀리 떨어져 사는 사람들이 소식을 주고받는 방법이 있었어요. 바로 삼국 시대부터 운영되던 역참 제도예요. 나라 곳곳의 중요한 길목에 역참을 세워 임금님의 명령

을 전달하거나 지방 소식을 올려 보내는 제도였지요. 또한 나랏일을 위해 돌아다니는 관리들에게 말과 음식, 잘 곳을 제공하기도 했어요.

역참에 딸린 말을 역마라고 하는데, 마패를 가진 관리들만 이용할 수 있었어요. 마패는 암행어사는 물론 먼 길을 떠나는 관리라면 누구나 갖고 있었지요. 관리들은 마패에 그려진 말의 수만큼 역마를 사용할 수 있었어요.

객상과 객주

이곳저곳을 떠돌아다니며 장사하는 상인인 객상은 지방 시장이 돌아가는 사정에 어두웠어요. 그래서 큰 상인에게 우선 물건을 넘긴 뒤에 팔릴 때까지 여러 날을 기다려야 했지요. '객상의 주인'이라는 뜻을 가진 이름의 객주가 바로 그 큰 상인이에요. 객주는 객상에게 물건을 대 주거나 돈을 빌려 주는 것은 물론, 잠자리와 식사까지 제공했답니다.

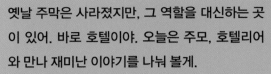

옛날 주막은 사라졌지만, 그 역할을 대신하는 곳이 있어. 바로 호텔이야. 오늘은 주모, 호텔리어와 만나 재미난 이야기를 나눠 볼게.

돌콩이 ▷ 주모 아주머니! 지금도 주막이 있으면 참 재밌을 것 같은데 아쉬워요. 평상에 앉아 밥도 먹고, 잠도 잘 수 있잖아요.

주모 ▷ 호호, 주막은 사라졌지만, 요즘에도 비슷한 곳이 있지 않니?

호텔리어 맞습니다. 호텔이나 민박집 같은 곳이 있어요. 예전엔 나그네들이 주막에서 묵었지만, 요즘엔 호텔이나 민박집에서 잠을 자고 가지요. 아, 참! 주막에서는 식사를 하면, 공짜로 하룻밤을 자고 갈 수 있었다면서요?

내가 만든 음식을 맛있게 먹고 편히 쉬다 가는 나그네들을 보면 참 뿌듯했지.

주모 ▷ 네. 나그네들이 자는 방을 봉놋방이라고 하는데 거기서 자고 가기도 했어요.

돌콩이 ▷ 모르는 사람들과 한방에서 자야 한다니, 그건 좀 불편했겠네요.

호텔리어 요즘은 다들 사생활을 중요하게 여기기 때문에 1인실을 원하지요. 하지만 요즘도 봉놋방 같은 곳이 있긴 해요. 여행자들이 자주 묵는 게스트 하우스에서는 모르는 사람들과 한방을 쓰기도 한답니다.

102

주모 ▶ 요즘엔 주로 여행자들이 이용하나 봐요? 옛
날엔 과거를 보러 가는 선비, 물건을 팔러 가
는 보부상처럼 일 때문에 들르는 사람들이 많
았어요. 그래서 잠깐 눈을 붙였다가 날이 밝
으면 다시 길을 떠났어요.

돌콩이 ▶ 옛날에는 여행하는 사람이 별로 없었나요?

주모 ▶ 그렇단다. 나그네 중에는 주로 출장 가는 관
리들이 많았어. 그들은 출장 다니는 관리들의
숙소인 원을 주로 사용했단다.

호텔리어 ▶ 요즘에도 출장을 위해 호텔에 오는 손님들이 많아요. 휴식을 취
하러 호텔을 찾는 사람들도 있고요. 맛있는 요리를 먹거나 차를
마시러 오기도 하지요. 민박집이나 펜션에서는 직접 음식을 만
들어 먹을 수도 있답니다.

돌콩이 ▶ 우리 가족도 펜션에서 맛있는 음식을 만들어 먹었어요.

주모 ▶ 여행객들이 음식을 만들어 먹는다니 어쩐지 서운하네. 내가 만
든 음식을 손님이 맛있게 먹는 모습을 보면 참 뿌듯한데…….

돌콩이 ▶ 엄마 같은 마음이네요. 그러고 보니 주막은 식당 같기도 하고, 호
텔 같기도 하고, 사람들이 모이는 만남의 장소인 것 같기도 하고,
정말 재밌는 곳이에요!

> 호텔 고객님께
> 최상의 서비스를
> 제공하기 위해
> 힘쓴단다.

호텔리어와 컨시어지

호텔리어는 호텔에서 일하는 모든 사람을 뜻해요. 그중에서도 투숙객※이 원하는 요구 사항과 서비스를 제공하는 사람을 컨시어지라고 하지요. 컨시어지는 호텔의 얼굴이 되어 최고

의 서비스를 제공해야 하므로 특별한 자질이 필요해요. 외국인 방문객을 자연스럽게 맞이하기 위한 외국어 실력은 기본이고, 주변 관광지·식당·교통·공연장 등 다양한 정보를 수집하여 제공해야 해요.

※ **투숙객** 호텔, 여관 등의 숙박 시설에 들어가 묵는 사람

요리사

호텔이나 식당 등에서 음식을 만드는 사람으로, '쉐프'라고도 불러요. 한식, 중식, 양식, 일식 등 음식의 종류에 따라 전문 분야가 나뉘어요. 맛있

는 요리를 만드는 것도 중요하지만, 새로운 메뉴를 개발하는 것도 요리사의 몫이에요. 요리를 할 때는 음식 재료의 영양소와 열량 등도 꼼꼼히 확인해야 하므로, 식품 영양학에 대한 지식도 필요하답니다.

제과 제빵사

빵과 케이크, 쿠키와 파이 등을 만드는 사람이에요. 맛있게 만들기 위해 노력해야 하는 것은 물론, 보기 좋고 다양한 모양으로 만드는 것도 중요하지요. 따라서 미적 감각과 창의성이 있어야 해요.

소믈리에와 바리스타

소믈리에는 포도주를 관리하고 추천해 주는 사람이고, 바리스타는 즉석에서 커피를 만들어 주는 사람이에요. 최근 들어 와인과 커피를 찾는 사람들이 많아지면서 새로 생긴 직업이지요.

▶ 커피를 만드는 바리스타

여행 가이드

여행자에게 관광지를 안내하는 사람이에요. 지역의 문화와 역사를 잘 알고 있어야 하지요. 우리나라에서 외국인이나 다른 지역 관광객을 안내하는 가이드가 있고, 다른 나라에 나가서 한국인 관광객을 돕는 가이드도 있답니다.

▶ 여행자들에게 관광지에 대한 정보를 알려 주고 있는 여행 가이드

나라에서
허가받은 장사꾼
시전 상인

　시전 안은 물건을 사러 나온 사람들로 가득합니다. 과일이나 떡을 파는 시전 앞은 특히 붐빕니다. 울긋불긋 화려한 옷감을 내건 선전에는 여인들이 우르르 몰려들어 옷감을 고르고 있습니다. 떠들썩한 웃음소리며 흥정 소리가 시전을 가득 채웁니다.

　하지만 동이와 아버지가 지키고 있는 지전 앞은 한가하기만 합니다.

　"이거 원, 이렇게 손님이 없어서야……."

아버지가 혼잣말을 하십니다. 동이는 퇴청˚에 앉아 있는 아버지를 바라보았습니다. 아버지 앞에 놓인 종이 더미 위로 무심한 햇살만 내리쬐었습니다. 큰돈을 주고 사 놓은 종이들입니다. 아버지 뒤쪽으로는 중국에서 건너온 질 좋은 종이들도 가득 쌓여 있었습니다.

"아버지, 기다려 보세요. 곧 중전마마가 아기를 낳는다고 하잖아요. 왕자님이라도 태어나면⋯⋯."

"왕자가 태어나든 공주가 태어나든 그게 우리랑 무슨 상관있겠느냐?"

아버지는 눈가에 웃음기를 띤 채 동이에게 물었습니다. 동이를 시험해 보려는 것입니다.

"왕자님이라면 앞으로 세자˚가 될 분인데 당연히 증광시˚를 열겠지요."

"증광시라니?"

˚ **퇴청** 시전에 딸린 작은 방
˚ **세자** 임금의 자리를 이을 임금의 아들
˚ **증광시** 조선 시대에, 나라에 큰 경사가
    있을 때 열리던 임시 과거

동이는 아버지의 표정을 살피고는 똘똘하게 대답했습니다.

"나라에 경사가 있을 때마다 증광시가 열리잖아요. 그럼 과거를 준비하는 선비들이 종이를 구하러 몰려나올 거예요."

아버지는 흐뭇한 표정으로 동이를 바라보았습니다. 아장아장 걸어 다니던 것이 엊그제 같은데 벌써 열두 살, 지전이 돌아가는 이치까지 알 정도로 똘똘하게 자랐습니다.

"아버지도 다 아시면서."

동이가 아버지를 마주 보며 배시시 웃었습니다. 아버지가 평소보다 더 많은 종이를 갖춰 두고 있다는 걸 동이도 모르지 않았습니다.

며칠 뒤, 동이 말대로 선비들이 종이를 사러 시전으로 몰려나왔습니다. 단골 지전이 있는 선비들은 발걸음에 머뭇거림이 없었지만, 처음 나온 선비들은 괜찮은 지전을 찾느라 두리번거리기 일쑤였습니다. 때마침 동이 눈앞에 지전을 찾는 듯한 선비가 보였습니다.

"선비님, 글씨가 술술 잘 써지는 종이 찾으시지요?"

"아니, 내가 종이를 사러 나왔다는 걸 어떻게 알았지?"

선비는 깜짝 놀라면서도 반가워했습니다.

"선비님의 밝게 빛나는 눈빛을 보고 공부를 많이 하신 분이란 걸 알아보지 못할 사람은 아무도 없을 것입니다. 이런 선비님이 과거를 보지 않는다면 누가 보겠습니까?"

칭찬을 들은 선비는 금세 웃는 얼굴이 되어 동이 뒤를 따라나섰습니다. 선비는 동이 아버지가 마련해 둔 질 좋은 종이들을 망설이지 않고 넉넉하게 샀습니다.

"시전에 있기엔 아까운 머리구나. 양반으로 태어났더라면 급제※를 하고도 남았을 녀석 같은데."

선비가 동이의 머리를 쓰다듬으며 말했습니다.

대행수※ 어른이 지전 앞을 지나가다 발걸음을 멈추었습니다.

"동이 너는 시전에 있기엔 아깝다는 그 선비의 말을 어떻게 생각하느냐?"

"저는 그 말이 옳지 않다고 생각해요. 시전이 없다면 한양 사람들은 어디에서 물건을 사며, 선비들은 어디에서

※ **급제** 과거에 합격하던 일
※ **대행수** 시전 상인들의 대표

종이를 구하겠어요? 장사치가 천하다고는 하지만 없어서는 안될 사람임이 분명한걸요."

대행수 어른이 껄껄 웃었습니다.

"아무래도 그 선비 말이 반쯤은 맞는 것 같다. 시전 여리꾼으로 쓰기에는 아깝단 말이지. 대행수라면 모를까!"

주위에 있던 사람들이 모두 웃음을 터뜨렸습니다. 손님에게 종이를 펴 보이던 동이 아버지는 가슴을 쫙 폈습니다. 기분 좋은 웃음소리가 하늘 높이 울려 퍼졌습니다.

시전 상인이 궁금해요!

시전

고려의 수도는 개성이었어요. 그런데 조선을 세울 때 수도를 한양으로 옮기면서 개성상인들을 한양으로 불러올 필요가 있었지요. 이때 만든 시장을 시전이라고 해요. 나라에서는 상인들이 물건을 팔 수 있도록 행랑을 마련해 주었어요. 상인들은 행랑을 사용하는 대가로 면포※와 쌀 등을 냈답니다.

시전에서는 90가지가 넘는 물건을 팔았어요. 특히 비단을 파는 선전·면포를 파는 면포전·명주※로 만든 천를 파는 면주전·모시를 파는 저포전·종이를 파는 지전·생선을 파는 내외어물전은 다른 시전에 비해 규모가 컸지요. 이렇게 규모가 큰 여섯 시전을 육의전이라 불렀답니다.

※ **면포** 실로 짠 천
※ **명주** 누에고치에서 뽑은 가늘고 고운 실

시전 상인과 여리꾼

시전 상인은 행랑에 딸린 퇴청이라는 작은 방에 앉아서 손님을 기다렸어요. 손님을 끌어모으는 것은 여리꾼의 몫이었지요. 손님들은 이들의 말솜씨에 넘어가 물건을 사는 경우가 많았어요. 이때 여리꾼은 실제

가격보다 비싼 값을 불러 물건을 팔고, 나
머지 돈을 챙겼지요. 따라서 손님이 눈
치채지 못하도록 시전 상인과 가격
을 흥정하는 것은 여리꾼에게 중요
한 능력이었답니다.

시전 상인의 특전, 금난전권

  시전 상인은 행랑의 사용료를 낼 뿐만 아니라 관청에서 필요한 물건
을 제공해야 했어요. 그 대가로 금난전권이라는 특권을 얻었지요. 이것
은 특정한 물건을 시전 상인이 독차지해서 팔 수 있는 권리예요. 허가받
지 않은 사람이 물건을 사고파는 가게인 난전이 있기는 했지만, 금난전
권을 가진 시전 상인들은 난전의 물건을 뺏고 이들을 벌주기까지 했답
니다.

  시전 상인들은 금난전권 덕분에 더 많은 이익을 챙겼
어요. 하지만 장사를 할 수 없는 백성의 형편은 어려워
지기만 했지요. 불만의 목소리가 점점 높아지던
1791년, 정조는 금난전권을
없앴답니다.

시전 상인, 온라인 쇼핑몰 CEO와 함께 옛날 시장과 지금의 시장, 그리고 상인의 모습이 어떻게 다른지 알아볼게.

돌콩이 안녕하세요? 시전은 원래 고려에 있던 상가였다면서요?

시전 상인 그래. 고려의 수도인 개성에 있었지. 후에 조선이 건국되고 수도를 한양으로 옮기면서 상인들을 한양으로 불러왔단다. 특히 지금의 서울 종로를 중심으로 많은 상가가 있었어.

온라인 쇼핑몰 CEO 지금도 서울의 동대문 시장이나 남대문 시장에 가면 많은 상점이 있어요. 하지만 저는 온라인을 통해 장사를 하고 있답니다. 온라인으로 주문을 받고, 상품을 택배로 보내 주지요.

시전 상인 만나지 않고 물건을 사고팔다니 참 놀라운 일이네요. 시전에서는 얼굴을 마주 보며 흥정을 했거든요.

돌콩이 그럼 흥정에 따라 값이 달라졌겠네요?

온라인 쇼핑몰 CEO 그렇지. 정확하게 정해진 가격을 받는 '정찰제'가 시작된 건 그리 오래된 일이 아니란다. 나도 어렸

온라인으로 주문이 들어오면 택배로 물건을 보내 준단다.

을 때 시장에 가면 엄마가 물건값을 깎느라 실랑이를 벌이는 걸 보곤 했지. 그땐 왜 그렇게 창피했는지…….

시전 상인 옛날엔 흥정이 창피한 게 아니었어요. 예전에는 공산품 같은 똑같은 물건을 파는 게 아니었으니까, 물건에 따라 값이 달랐지요.

돌콩이 그럼 옛날엔 주로 어떤 물건을 팔았나요?

시전 상인 옛날에는 집에서 옷을 지어 입었으니까 옷감을 많이 팔았지. 종이와 생선을 파는 곳도 많았고.

온라인 쇼핑몰 CEO 저는 옷과 신발, 액세서리 등을 팔고 있어요. 요즘 사람들은 패션에 관심이 많아서 장사가 잘되는 편이랍니다.

돌콩이 그러고 보면 시대마다 상점에서 파는 물건들도 달라지나 봐요. 우리 할머니는 반찬 가게를 볼 때마다 놀라세요. 어떻게 반찬을 사 먹느냐고요.

옛날엔 광고라는 게 없었지만, 여리꾼이 그 역할을 대신했지.

온라인 쇼핑몰 CEO 장사의 형태도 다양해졌지. 특히 요즘 대형 마트에서는 거의 모든 물건을 다 팔고 있으니까. 나처럼 인터넷으로 장사하는 사람도 있고.

돌콩이 예나 지금이나 사람들이 필요한 물건을 가져다 파는 건 똑같네요. 앞으로도 좋은 물건 부탁드려요!

쇼핑 호스트

홈쇼핑 방송에서 상품을 설명하고 판매하는 진행자예요. 카메라 앞에서 자연스럽게 말할 수 있어야 하고, 발음이 정확해야 해요. 소비자가 물건을 사도록 설득해야 하므로, 상품에 대한 지식을 정확하게 이해하고 설명할 수 있어야 해요. 또 소비자들이 어떤 상품을 원하는지도 잘 파악해야 해요. 홈쇼핑은 주로 생방송으로 진행되므로, 순간적인 위기에 대처할 수 있는 순발력도 필요하답니다.

상품 기획자

소비자가 원하는 물건이 무엇인지 파악하고, 상품 개발 및 판매 계획을 세우는 사람이에요. 주로 머천다이저(merchandiser), 줄여서 MD라고 부르지요. 어떤 상품이 잘 팔릴 것인지, 어떻게 만들 것인지에 대해

생각해야 하므로 시장을 분석하는 능력과 톡톡 튀는 아이디어가 뒷받침되어야 해요. 특히 패션, 화장품, 도서, 게임 등의 분야에서 전문적인 상품 기획자를 따로 두고 있는 경우가 많답니다.

온라인 쇼핑몰 CEO

온라인상으로 물건을 파는 사람이에요. 온라인 쇼핑몰은 상품을 인터넷상으로 거래하기 때문에 상품을 진열할 공간을 마련하거나 손님을 직접 만날 필요가 없어요. 하지만 그만큼 소비자가 쇼핑몰 홈페이지에 방문하도록 만들기 위해 많은 노력을 기울여야 해요. 또 상품의 효과적인 소개를 위해 사진, 디자인 등에 대한 지식도 있어야 하지요.

광고 기획자

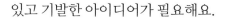

기업이 생산한 상품과 서비스를 소비자에게 효율적으로 소개하기 위해 광고를 만드는 사람이에요. 기업이 전하고 싶은 메시지를 광고 속에 잘 담아 전달해야 하지요. 또 사람들의 눈길을 사로잡아야 하므로, 개성 있고 기발한 아이디어가 필요해요.

카피라이터란?
홍보하려는 내용을 짧게 한두 줄로 표현하는 사람이에요. 설득력이 강한 짧은 글로 사람들의 마음을 움직일 수 있어야 해요.

집을 짓는 사람들

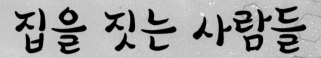

목수

"애, 삼돌아! 거기 대패※ 좀 가지고 오너라."

"삼돌이 이놈아, 자귀※는 언제 가져오는 거냐!"

오늘도 여기저기에서 삼돌이를 찾는 소리

가 끊이질 않습니다.

삼돌이는 지금 깊은 산속

에 절을 지으러 들어와 있습

니다. 고작 잔심부름이나 하는 삼돌

이가 절을 짓는다고 할 수는 없을 것입니

※ **대패** 나무를 곱게 밀어 깎는 도구
※ **자귀** 나무를 깎아 다듬는 도구

삼돌아

다. 하지만 목수가 되려면 이렇게 자질구 레한 심부름부터 해야 한다고 합니다. 도편수는 하늘에서 뚝 떨어지는 게 아니 라 차근차근 만들어지는 거라나요?

잠시 쉴 틈이 생기자 삼돌이는 나무가 쌓여 있는 구석으로 가서 몸을 축 늘어뜨렸습니다.

"어허, 벌써 꾀가 난 게냐?"

연목편수 밑에서 일을 거드는 초보 목수 부득이 아저씨가 나타났습니다. 삼돌이는 깜짝 놀라 자리에서 일어났습니다. 부득이 아저씨는 삼돌이를 놀리려고 눈을 부릅떠 보이다가, 곧 웃음을 터뜨렸습니다. 잔뜩 겁을 먹고 있던 삼돌이도 그제야 한숨을 내쉬었습니다.

"너, 정신이 하나도 없고, 이래서 뭘 배울 수 있나 걱정되지?"

"어떻게 아셨어요?"

삼돌이는 눈을 동그랗게 뜨고 물었습니다.

"나도 너처럼 시작했으니까 잘 알지. 나뿐이냐? 여기 있는 사람들 모두 똑같이 시작했단다. 뭐, 도편수 어른의 손자쯤 되면 모를까."

"도편수 어른의 손자가 왜요?"

부득이 아저씨는 잠시 주위를 살피고는 목소리를 낮췄습니다.

"뻔한 거 아니냐? 도편수가 자기 자식이나 손자에게 잔심부름부터 시킬 이유가 있겠니? 일찌감치 대패질이며…… 아니지! 대패질도 할 것 없이 바로 서까래[※]를 올리게 하겠지."

"그런가요?"

부득이 아저씨는 대답할 필요도 없다는 듯이 서까래로 쓸 나무를 골라서 어깨에 얹었습니다.

※ **서까래** 나무로 만든 건물에서 지붕 아래를 가로지르는 큰 막대

"여기서 계속 그러고 있을 거야? 거기 있는 나무를 마저 지고 따라오너라."

삼돌이는 퍼뜩 정신이 들었다는 듯, 부득이 아저씨를 따라나 섰습니다.

벌써 점심때가 되었습니다. 삼돌이가 남은 보리밥을 모아 아 구아구 입안에 퍼 담고 있는데, 삼삼오오 몰려 앉아 있던 어른 들이 갑자기 벌떡 일어섰습니다. 저쪽에서 도편수 어른과 부편 수 어른이 다가오고 있었기 때문입니다.

도편수 어른은 엉거주춤 서 있는 목수들을 쓱 훑어보다가 삼 돌이를 발견했습니다. 마치 할 말이 있는 것처럼 삼돌이를 바라 보다가 눈길을 거두었습니다.

"삼돌아, 밥은 먹은 게냐?"

평소에 말수가 적으신 부편수 어른까지 삼돌이에게 짧은 인 사를 건넸습니다.

"저 아이가 누군데 부편수 어른이 저리 챙기시누?"

"도편수 어른 손자 아닌가. 들어온 지 이레※ 쯤 되었나?"

※ 이레 일곱 날

121

그 이야기를 듣던 부득이 아저씨는 입이 딱 벌어졌습니다.

"신경 쓰지 말게. 도편수 손자면 뭐 다를 게 있다던가? 그저 잔심부름하는 아이일세."

잠시 불안한 표정을 지었던 부득이 아저씨가 그 말을 듣고 안심이라는 듯이 씨익 웃었습니다. 삼돌이도 제 할아버지가 도편수 어른인 걸 숨기는 마당에, 굳이 알은체할 필요는 없다고 생각했습니다. 할아버지가 누구든, 지금은 그냥 심부름꾼일 뿐이니까요.

"얘, 삼돌아! 물 좀 떠 오너라. 목이 마르구나!"

"예, 예! 갑니다요!"

또랑또랑한 삼돌이의 목소리와 함께 쿵딱쿵딱 망치 소리가 산속에 울려 퍼지기 시작했습니다.

목수라고 다 같은 건 아니야

나무로 집을 짓거나 가구, 문짝 등을 만드는 사람을 목수라고 해요. 목장이나 목군이라고 부르기도 하지요. 요즘에는 나무를 다루는 사람을 모두 일컬어 목수라고 하지만, 옛날에는 하는 일에 따라서 대목장과 소목장으로 구별해 불렀어요. 대목장은 집을 짓는 목수이고요, 소목장은 문짝이나 계단, 벽장을 만들거나 장롱, 책상 같은 가구를 만드는 목수랍니다.

우리나라의 목공※ 기술은 옛날부터 무척 뛰어났다고 해요. 백제인들은 일본까지 건너가 목탑을 만들고, 절을 짓는 기술도 전해 줬답니다.

※ **목공** 나무로 물건을 만드는 일

나무를 다듬어 집을 지어요

나무로 집을 짓는 것은 한두 사람의 힘으로 할 수 있는 일이 아니었어요. 목수들은 자신이 가장 잘할 수 있는 일을 맡아, 분야를 나누어 일했지요. 각자 하는 일에 따라서 다른 이름이 붙기도 했어요. 기둥이나 도리※를 깎는 목수는 정현편수, 서까래를 만드는 목수는 연목편수라고 불렀지요.

한편, 전체 공사를 책임지는 우두머리는 도편수라고 했어요. 도편수는 집의 구조나 나무 종류를 정하고 재료를 옮기는 일까지, 집을 짓는 모든 과정을 책임졌지요. 보통 정현편수를 맡았던 사람이 도편수가 되는 경우가 많았어요. 부편수는 도편수가 하는 일을 돕는 사람이었답니다.

❋ **도리** 서까래를 받치는 나무

가구를 만드는 소목장

소목장은 나무로 가구를 만들거나 조각을 하는 목수예요. 같은 소목장이라도 자기가 지닌 기술에 따라 하는 일이 달랐지요. 목공예 나무로 예술적인 생활용품을 만들거나 죽공예❋를 하는 소목장도 있었어요. 소목장들은 나무로 예술품을 만드는 다양한 기술을 발전시켰답니다.

소목장이 만든 것들은 값이 비싸 궁궐이나 대갓집에서나 살 수 있었어요. 게다가 대대로 물려받아 쓰는 경우가 많아서, 새것을 찾는 사람이 많지 않았지요. 그래서 소목장은 아름다운 작품들을 만들고도 평생 가난하게 사는 경우가 많았답니다.

❋ **죽공예** 대나무를 재료로 하는 공예

옛날에 집을 짓던 목수와 현대에 집을 짓는 건축가, 두 분을 모시고 일과 환경이 어떻게 변해 왔는지 알아보자!

돌콩이 목수 아저씨는 옛날에 어떤 일을 하셨나요?

목수 나는 목수 중에서도 집을 짓는 대목이었단다.

건축가 그렇다면 저도 대목에 해당되겠네요. 저도 집을 짓는 일을 하거든요. 요즘에는 건축 재료로 나무뿐만 아니라 벽돌, 철근, 콘크리트※ 등 다양하게 사용하고 있어요.

목수 그렇군요. 옛날엔 나무와 흙으로 지었어요.

돌콩이 제가 배운 기와집, 초가집도 재료에 따른 분류지요?

목수 그렇단다. 백성의 집은 짚으로 지붕을 만든 초가집이었지만, 양반은 흙으로 만든 기와를 얹은 기와집에 살았지. 신분에 따라 집의 크기도 달랐단다.

건축가 요즘 건축가들은 설계와 인테리어 등 각자 전문 분야가 있어요. 옛날 목수들도 그랬나요?

목수 네. 저처럼 집을 짓는 대목뿐만 아니라 문, 창

요즘은 건축 기술이 많이 발달해서 다양한 재료와 모양으로 집을 짓는단다.

문 등을 만드는 소목이 있었지요. 또 조선 후기로 갈수록 기와를 올리는 사람, 단청을 그리는 사람 등 작업이 전문적으로 나뉘었답니다.

돌콩이 아, 저도 단청 알아요! 집 겉면을 알록달록 예쁘게 칠하는 작업이지요? 단청을 잘 칠해야 건물이 예쁠 테니, 가장 중요한 작업이었겠네요.

목수 아니지. 집을 지을 때 가장 중요한 건 집터를 다듬는 기초 공사란다. 기본이 제대로 되어 있지 않으면, 좋은 집을 지을 수 없지.

건축가 요즘은 집을 지을 때 따져 볼 점이 아주 많단다. 튼튼하고 좋은 집을 짓는 것도 중요하지만, 건축법을 어긴 부분은 없는지, 이웃집의 햇빛을 가리지는 않는지 등도 따져 봐야 한단다.

돌콩이 아, 역시 건물을 짓는다는 건 쉬운 일이 아니군요.

목수 그럼. 특히 한옥은 여름엔 시원하고, 겨울엔 따뜻한 훌륭한 건축물이라서 잘 짓고 나면 매우 뿌듯했단다.

옛날엔 손으로 집을 지었기 때문에 더 많은 정성을 담아 지었지.

건축가 그래서 요즘 건축가 중에서도 한옥을 연구하여 현대 건축물에 응용하는 사람들이 많아요.

돌콩이 우아, 제가 더 자라면 꼭 우리나라의 우수한 전통문화인 한옥을 세계에 널리 알릴게요!

❋ **콘크리트** 시멘트에 모래와 자갈 등을 섞어 물에 반죽한 혼합물

건축가

건물을 지을 때 설계하고 감독하는 사람이에요. 건축가에게 건물을 지어 달라고 부탁하는 사람을 건축주라고 해요. 건축가는 건축주가 원하는 부분을 잘 이해하고 주어진 비용과 시간에 맞게 건물을 지어야 하지요.

다양한 건축 기술과 건설 재료 등에 대해 이해하고 있어야 하며, 건축법에 대해서도 잘 알아야 해요. 또 건물을 아름답고 보기 좋게 짓는 것도 중요하므로 공간 활용 능력뿐만 아니라 예술적인 디자인 감각도 있으면 더욱 좋답니다.

실내 디자이너

건물의 실내를 기능과 용도에 맞게 설계하고 장식하는 사람이에요. 공간을 어떻게 나눌 것인지, 실내 건축 재료는 어떤 색상으로 고를 것인지, 무슨 조명을 설치할 것인지 등 실내 장식의 모든

일을 계획하고 정하는 일을 해요. 건축가와 마찬가지로, 고객의 주문에 맞게 실내를 꾸며야 하므로 고객과의 의사소통이 중요하지요.

　건축가가 건물의 큰 구조와 틀을 세우는 사람이고, 실내 디자이너가 건물 안을 다루는 사람이라면, 토목 기술사는 건물의 밑부분을 검사하는 사람이에요. 건물을 짓기 전에 땅이 어떻게 생겼는지, 높은 건물을 견딜 수 있는 땅인지, 땅속에는 어떤 것이 들어 있는지 등을 확인하지요. 건물뿐만 아니라 다리, 터널, 도로, 댐 등 땅과 관련한 작업에 모두 필요한 직업이랍니다.

가구 디자이너

　가구를 디자인하는 사람이에요. 사람들이 사용하기 편리하도록 실용성이 높은 가구를 만드는 것도 중요하지만, 미적으로 보기 좋고 예쁘게 만드는 것도 중요해요. 예술적 아름다움을 인정받은 가구는 회화나 조각 작품처럼 전시회에 전시되는 경우도 있답니다.

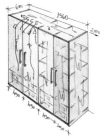

세상을 담는 화폭

화원

분이가 햇빛이 잘 드는 마루에서 쓱싹쓱싹 먹을 갈고 있습니다. 먹의 색이 짙어지고, 은은한 먹 향기가 피어올랐습니다.

먹이 준비되자 분이는 곱게 편 흰 종이를 문진*으로 살포시 눌렀습니다. 그리고 흰 종이에 무언가 비치기라도 하는 것처럼 오랫동안 들여

* **문진** 종이가 바람에 날리지 않도록 눌러두는 물건

다보았습니다. 조금 뒤, 분이는 붓을 들어 먹을 묻히고 힘차게 선을 하나 그었습니다. 망설이지 않고 쭉쭉 내리긋는 붓을 따라 종이 위에 대나무가 자라났습니다. 대나무 잎이 하나둘 돋아났습니다. 분이가 그리는 대나무 사이에서 스스스, 대숲을 스치는 바람 소리가 들려오는 듯했습니다.

"아깝구나, 아까워."

문득 들려오는 목소리에 고개를 들었습니다. 처음 보는 남자 어른이 댓돌※ 옆에 서서 분이가 그린 그림을 보고 계셨습니다. 그러자 옆에 있던 아버지가 말씀하셨습니다.

"제 여식※입니다. 분이야, 인사드려라. 도화서의 별제 대감이시다."

분이는 눈이 번쩍 뜨이는 듯했습니다. 별제는 화원이 오를 수 있는 가장 높은 벼슬입니다. 그렇다면 나라에서 그림을 가장 잘 아는 사람이라고 해도 틀리지 않을 것입니다.

※ **댓돌** 처마 끝에서 물이 떨어지는 곳에 놓은 돌
※ **여식** 딸

분이는 인사를 꾸벅하고 얼른 자리를 피했습니다.

"손님이 오셔서 많이 놀랐겠구나."

뜰에서 국화를 돌보던 어머니가 말씀하셨습니다. 분이는 말 없이 어머니 곁에 서서 꽃을 들여다보았습니다. 노란 꽃잎이 가을볕을 받아 환하게 빛났습니다.

"어머니, 별제 대감께서 절 보고 아깝다고 하셨어요. 제가 아무렇게나 그림을 그려서 먹이랑 종이를 버리고 있다고 생각하셨나 봐요."

"대나무를 그리고 있었니?"

"예."

"별제 대감이 아깝다고 한 건 종이나 먹이 아니었을 게다. 네가 그린 대나무를 보셨다면 그럴 리 없지."

어머니가 조용조용 말씀하셨습니다.

"그럼요?"

"우리 집안에서는 대대로 화원이 나왔
단다. 어진※을 그린 분도 여럿 계시
고. 네 증조할아버지께서 그린 의궤
도는 임금님께서 두고두고 칭찬하
셨다고도 하지."

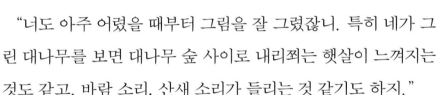

분이는 무슨 말인지 몰라 어리둥
절한 표정을 지었습니다.

"너도 아주 어렸을 때부터 그림을 잘 그렸잖니. 특히 네가 그
린 대나무를 보면 대나무 숲 사이로 내리쬐는 햇살이 느껴지는
것도 같고, 바람 소리, 산새 소리가 들리는 것 같기도 하지."

"어머니, 전 그림 그리는 게 정말 좋아요."

분이가 빙그레 웃었습니다.

"그래, 안다. 네가 계집아이라서 화원이 될 수 없으니 안타까
울 뿐이지. 별제 대감께서 하신 말씀도 그런 뜻일 게야. 네가 사
내아이라면 아주 유명한 화원이 되었을 텐데……."

※ **어진** 임금을 그린 그림

분이는 기분이 좋아졌습니다. 별제 대감이 자기 그림을 높이 평가해 주셨다고 자랑하고 싶었습니다. 도화서 화원은 되지 못하지만, 그림은 얼마든지 그릴 수 있으니 그걸로 좋았습니다.

"어머니, 오늘은 국화를 그려 볼까요?"

"그럴래? 우리 분이가 그린 국화에서는 어떤 향기가 날지 기대되는구나."

어머니가 분이를 꼭 안았습니다. 분이는 어머니에게 기대 가만히 눈을 감고 가슴 깊이 국화 향을 들이마셨습니다.

지금은 여러 행사나 사람의 모습을 동영상
이나 사진으로 촬영하지만, 옛날엔 화원이
그림을 그려 기록했대요. 화원의 세계에
대해 더 자세히 살펴볼까요?

붓
그림을 그리거나
글씨를 쓸 때
사용하는 도구

천연물감
돌이나 흙, 식물,
곤충 등으로
만든 물감

벼루
검은색 물감인
먹을 물과 함께
넣고 갈던 도구

화선지
옛날 화가들이
그림을 그리던
종이

도화서는 어떤 곳일까요?

도화서는 조선 시대에 그림 그리는 일을 담당하던 관청이었어요. 도화서에서 그림을 그리는 사람은 화원이라고 불렀지요. 화원은 대나무·경치·인물·화초·영모※ 가운데 두 가지를 그리는 시험을 봐서 뽑았어요. 한편 화원이 되기 위해 도화서에서 열심히 그림을 배우는 화학 생도도 있었답니다.

도화서에서 화원이 오를 수 있는 가장 높은 지위는 별제였어요. 하지만 화원은 신분이 낮아 별제가 되는 일이 거의 없었지요. 그 대신 그림에 뛰어난 양반이 별제가 되곤 했답니다.

화원으로 명등느란!

※ **영모** 새나 짐승

그림을 그리는 사람들

화원은 양반과 평민의 중간 신분인 '중인'이었는데, 의원이나 역관보다는 지위가 낮았어요. 이들은 어진·벼슬아치※들의 초상화·의궤도·지도 등을 그렸어요. 화원은 나라와 왕실에 필요한 그림을 그리며 조선의 그림 문화를 발전시키는 데 중요한

역할을 했답니다.

조선 시대에 화원만 그림을 그린 건 아니에요. 문인 화가라는 말을 들어 봤나요? 취미로 그림을 그리던 양반을 부르던 말인데, 이들은 화원 못지않은 멋진 작품을 많이 남겼지요. 한편 마음 내키는 대로 그린 그림을 팔거나, 양반들의 주문을 받아 그림을 그리는 화가도 있었답니다.

❀ **벼슬아치** 관청에서 나랏일을 보던 사람

조선 최고의 화원 김홍도

화원은 관청에 소속되어 있는 화가이기 때문에 엄격한 격식❀을 갖춘 그림을 그려야 했어요. 도화서에서 화원의 개성이 드러나는 그림을 그리는 일은 드물었지요. 다만 양반의 주문을 받아 초상화나 평생도❀등을 그릴 때는 자신의 예술적 재능을 자유롭게 펼칠 수 있었어요.

김홍도는 화원 중에서도 많은 업적을 남긴 사람이에요. 타고난 재주에 그 재주를 아끼던 정조의 도움까지 더해져서 많은 작품을 남길 수 있었지요. 그는 산수화·인물화·화조화❀ 등 모든 분야에서 뛰어난 작품을 남겨, 다음 세대의 화가들에게 큰 영향을 미쳤답니다.

❀ **격식** 품위에 맞는 방식
❀ **평생도** 사람이 나서 죽을 때까지 겪는 여러 가지 일들을 죽 이어서 그린 그림
❀ **화조화** 꽃과 새를 그린 그림

난 그림을 정말 못 그려. 그래서 그림을 잘 그리는 사람을 보면 정말 신기해. 오늘은 그림을 잘 그리는 두 분과 함께 그림에 대한 이야기를 들어 볼게.

돌콩이 ▶ 제가 가장 좋아하는 웹툰 작가님을 만나다니, 영광이에요!

웹툰 작가 ▶ 내 작품을 좋아한다니 기쁘구나. 내가 어렸을 땐, 여기 오신 화원 선생님을 존경했단다. 미술 도구와 재료가 풍부하지 않은 시절에도 좋은 그림을 많이 그리셨으니까 말이야.

화원 ▶ 하하, 감사합니다. 근데 요즘 아이들은 웹툰을 좋아하나 봐요.

웹툰 작가 ▶ 네. 컴퓨터나 스마트폰이 발달하면서 웹툰이라는 새로운 형식의 만화가 등장했는데 많은 사람이 좋아합니다. 옛날 화원도 백성에게 인기가 많았나요?

요즘엔 컴퓨터로 그림을 그리는 화가들이 많아졌단다.

화원 ▶ 원래 화원은 왕이나 높은 관직에 있는 사람들의 초상화를 그리거나 국가의 행사를 그림으로 기록했어요. 백성과 상관없는 일을 한 것이지요. 그러다 조선 후기에 이르러 백성에게 그림을 팔아서 생활하는 화가들이 나타났어요. 백성의 취향에 맞는 그림을 그린 화가들은 인기가 많았답니다.

돌콩이 ▶ 요즘도 웹툰 인기가 좋으면, 그

웹툰을 그린 작가도 인기가 많아요.

웹툰 작가 사람들이 어떤 작품을 좋아할지 항상 고민한단다. 하지만 사람들의 취향만 신경써서는 좋은 작품을 그릴 수 없어.

화원 맞습니다. 옛날엔 자신이 원하지 않는 그림을 그리게 하는 양반 앞에서 자기 눈을 찌른 화가도 있었지요. 그만큼 자신의 예술을 중요하게 생각한 화가도 있었답니다.

웹툰 작가 옛날 유명한 화가 중에 양반도 있지 않았나요?

화원 네. 취미로 그림을 그리는 양반을 문인 화가라고 불렀는데요. 김홍도의 스승으로 유명한 강세황 같은 사람도 당대 최고의 문인 화가였지요.

돌콩이 웹툰 작가님도 도화서의 화원처럼 소속된 곳이 있나요?

웹툰 작가 웹툰을 연재하는 곳에서 원고료를 받으며 일할 뿐, 따로 속해 있는 곳은 없단다. 그래서 우린 주로 자유롭게 자신이 그리고 싶은 작품을 그리지.

화원 상상력과 창조력을 발휘하여 자신이 그리고 싶은 걸 그리는 것, 그게 바로 진정한 예술이지요.

웹툰 작가 맞습니다.

돌콩이 두 분 모두 멋져요! 앞으로도 좋은 작품 기대할게요!

화가

그림을 그리는 사람이에요. 화가는 직접 보거나 상상한 세계를 그림에 담아 예술적으로 표현해요. 그림 속 이야기가 독창적이거나 사람들에게 큰 공감을 불러일으키는 경우, 또 그림 속 사물들이 살아 있는 것처럼 생생할 때는 보는 사람에게 큰 감동을 주지요. 화가가 되어 좋은 그림을 그리려면 미술 실력뿐만 아니라 자기만의 개성 있는 표현법도 연구해야 한답니다.

일러스트레이터

책이나 신문, 광고 등에 들어가는 그림을 일러스트라고 해요. 화가 중에서도 이러한 일러스트를 그리는 사람을 일러스트레이터라고 하지요. 어떤 일러스트를 넣느냐에 따라 매체의 분위기가 달라지므로 매우 중요한 요소예요. 교과서와 학습지, 광고나 기업 홍보용 잡지 등 일러스트가

필요한 분야는 점점 늘고 있어요. 일러스트레이터가 가장 많이 활약하는 분야는 책이에요. 요즘에는 작업에 도움이 되는 컴퓨터 일러스트 프로그램을 잘 다루는 것도 중요하답니다.

웹툰 작가

인터넷에 연재하는 만화를 웹툰이라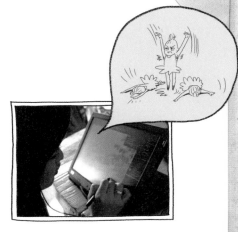
고 하고, 이것을 전문적으로 그리는 사
람을 웹툰 작가라고 해요. 인기 있는 웹
툰은 책, 영화, 드라마 등으로 만들어지
기도 해요. 웹툰 작가가 되려면 그림 실
력도 중요하지만, 일상에서 재미있는 소재를 잘 찾아내거나 이야기를
재미있게 이끌어 가는 능력도 있어야 한답니다.

사진작가

예술 활동으로 사진을 찍는 사람이에요. 사진작가는 인물이나 사물,
풍경을 있는 그대로 옮기는 것이 아니라, 나름의 감각과 상상력으로 세
상을 새롭게 표현하지요. 소설가가 하고 싶은 이야기를 가상의 글로 전
달하는 것처럼, 사진가는 사진으로 하고 싶은 이야기를 풀어낸답니다.

캘리그라퍼

손글씨를 아름답게 쓰는 기술을 캘리그
라피라 하고, 이것을 전문적으로 하는 사람
을 캘리그라퍼라고 해요. 단어 속에 포함되어 있는 의미를 상징적으로
잘 표현하는 감각이 필요하답니다.

도둑 없는 사회를 꿈꾸는 남자

포졸

"도둑이야! 도둑 잡아라!"

조용하던 시장이 갑자기 시끄러워졌습니다. 떡장수 아주머니가 말했습니다.

"어휴, 또 저 녀석이야?"

"이런 대낮에 도둑이라니, 쯧쯧."

저만큼 쌩하고 달려가는 아이의 뒷모습을 바라보며 시장 사람들은 고개를 절레절레 저었습니다.

"저 녀석이 아주 유명한 좀도둑인 모양이지요?"

낯선 얼굴 하나가 사람들 틈에 끼어들어 물었습니다.

"저쪽 산골 마을 아이인데, 아주 유명해요. 떡이며 과일이며, 집어 들고 달아나는데, 도무지 잡을 수가 없어요."

이야기를 전해 준 이는 험담 을 하는 것인지 칭찬을 하는 것인지 모를 표정으로 웃으며 말했습니다. 그러고 보니 떡을 도둑맞은 아주머니도 언제 그랬냐는 듯, 자리에 앉아 떡을 썰고 있었습니다. 시장 사람들의 모습에 나그네는 어리둥절했습니다.

바로 그때 저쪽에서 육모 방망이를 든 포졸이 나타났습니다. 그리고 그 옆에는 고개를 푹 숙인 아이가 함께 있었지요.

"아이고, 잡혔군. 저런 녀석은 아주 혼쭐을 내야지."

가까이 다가온 포졸은 좀도둑 아이를 떡장수 아주머니 앞으로 데려갔습니다.

"이 아이가 여기서 떡을 훔친 게 맞소?"

"예, 예. 그래서 제가 도둑 잡으라고 크게 소리 질렀어요."

※ **험담** 다른 사람의 안 좋은 점을 헐뜯음

그렇게 말하면서 떡장수는 어쩐지 죄를 지은 듯한 표정을 지었습니다.

"보나 마나 아이가 떡을 훔칠 수 있게 딴짓을 했겠지."

포졸이 목소리를 낮게 깔았습니다.

"아니, 그야 한두 개뿐이니까……."

"어허! 계속 이런 식으로 봐주면 바늘 도둑이 소도둑 된단 말이오."

포졸은 떡장수에게 호통친 뒤, 아이에게도 혼을 냈습니다.

"이놈아, 아무리 배가 고프더라도 도둑질은 안 된다고 몇 번을 말했느냐? 너희 아버지가 도적 떼 놈들 손에 돌아가신 걸 잊었느냐? 네가 그놈들하고 똑같은 사람이 된다면 너희 아버지가 얼마나 슬퍼하시겠니? 내가 너를 포도청에 끌고 가야 정신을 차리겠느냐?"

그 모습을 지켜보던 나그네는 옆 사람에게 물었습니다.

"아니, 무슨 포졸이 저리 말이 많은 거요? 도둑놈을 잡았으면 그

냥 포도청으로 끌고 가면 그만이지!"

"모르는 소리 마시오. 저 포졸이 혼을 내서 손버릇을 고친 아이들이 한둘이 아니라오."

"아니, 고개마다 도적 떼가 출몰한다고 난리들인데 큰 도둑이나 잡을 일이지."

나그네가 투덜거리자 옆 사람이 얼굴을 찌푸렸습니다.

"하나만 알고 둘은 모르시는구먼. 작은 도둑이 자라서 큰 도둑이 되는 거라오. 그래서 저 포졸도 꼭 틈틈이 들러 저런 어린 녀석들을 살피곤 하는 거라오."

포졸은 좀도둑 아이를 한참 나무라더니 이윽고 목소리를 누그러뜨렸습니다.

"하긴, 어린 네가 무슨 잘못이겠느냐. 우리가 더 잘해서 너처럼 억울하게 부모를 잃는 일이 없도록 만들어야지."

포졸은 아이에게 오늘 하루 동안 떡장수의 잔심부름을 하며 떡값을 갚으라고 했습니다. 괜찮다고 손사래를 치는 떡장수에게 이렇게 말했습니다.

"불쌍한 마음이 들어서 떡 한 개를 공짜로 주는 건, 이 아이를 돕는 게 아니라오. 큰 도둑을 잡는 것도 중요하지만, 작은 도둑이 큰 도둑이 되지 않도록 돌보는 것이 더욱 중요하오. 이게 바로 우리 포도대장※님의 생각이라네. 알겠는가?"

"그럼요. 아 참, 새 포도대장님이 오신 다음부터 고갯길 다니기도 훨씬 좋아졌더라고요. 항상 감사합니다."

떡장수가 고개를 조아리며 말했습니다.

"포도청에서도, 나 같은 일개 포졸들도 노력하고는 있지만 어찌 모든 곳을 살필 수 있겠소. 그러니 이런 아이들을 바로잡으려면 어른들이 다함께 힘써 주어야 하오."

"암요, 암요."

떡장수가 넉살※ 좋게 대답하자 주위에 있던 사람들이 한꺼번에 웃음을 터뜨렸습니다. 나그네도 그들과 함께 웃으며 고개를 끄덕였답니다.

※ **포도대장** 포도청의 장
※ **넉살** 부끄러운 느낌이 없이, 성격 좋게
　 행동하는 것

우리 사회의 안전과 질서를 유지하기 위해 힘쓰는 경찰! 옛날에도 이런 일을 하는 직업이 있었어요. 바로 포졸이지요. 포졸의 세계를 함께 살펴봐요.

벙거지
군사나 포졸이 쓰던 모자

당파
끝이 세 갈래로 갈라지고, 자루가 긴 창

오라
도둑이나 죄인을 묶는 굵은 줄

육모 방망이
범인을 잡을 때 사용하던 여섯 모가 진 방망이

도둑 잡는 포졸과 포도청

포졸은 포도청에서 일하는 군사를 일컫는 말로, 포도군사라고도 해요. 포도청은 조선 시대에 범죄자를 잡거나 사회의 질서 유지를 위해 힘쓰던 관아예요. 수도권 지역을 좌우로 나누어 좌포도청과 우포도청이 있었지요.

조선 전기에 빈부 격차※가 커지고 사회 불안이 커지자, 처음에는 도적을 잡기 위한 임시 기구로 포도청이 운영되었어요. 그러다 아예 사회의 질서 유지를 담당하는 기구로 정착했답니다.

※ **빈부 격차** 부자와 가난한 자의 재산 차이

오라와 육모 방망이

포졸은 허리에 붉은색 오라를 차고 육모 방망이를 들고 다녔어요. 붉은색 오라는 범죄자를 묶을 때 썼고, 육모 방망이는 범죄자를 겁주거나 혼내기 위한 무기였지요. 박달나무로 만든 육모

오라   육모 방망이   당파

방망이는 아주 단단하고 여섯 모서리를 갖고 있어 포졸의 위엄[※]을 나타내는 데 아주 그만이었어요. 임진왜란 이후에는 포졸들이 세 갈래 창인 당파를 무기로 사용했답니다.

※ **위엄** 존경할 만한 모습에, 점잖음과 엄숙함을 갖추고 있는 것

술래잡기의 유래

조선 시대에는 도둑을 잡거나 화재가 일어나는 것을 막기 위해 궁궐 안팎을 순찰하던 군사가 있었어요. 바로 순라군이지요. 밤 10시부터 새벽 4시 사이에는 통행을 금지하였는데, 이때 순라군들이 돌아다니며 경계를 했어요. 포도청에서 수도권의 안전을 담당했다면, 그보다 좁은 궁궐 주변은 순라군이 담당한 거예요. 순라군이 통행 금지를 어긴 사람을 잡는 일을 아이들이 흉내 내어 놀았는데, 이 놀이를 순라잡기라고 했어요. 순라잡기가 변해 술래잡기가 되었다고 한답니다.

오늘은 나라와 백성의 안전을 위해 힘쓰던 포졸, 그리고 요즘에 그 일을 하고 있는 경찰을 만날 거야. 둘은 무슨 차이가 있고, 어떻게 변화되어 왔는지 알아보자!

돌콩이 ▶ 포졸 아저씨와 경찰 아저씨가 싸운다면 누가 이길까요?

포졸 ▶ 하하, 아무래도 그럴 일은 없을 것 같은데? 그렇지 않나요?

경찰 ▶ 그렇네요. 돌콩아, 우리는 사회 질서와 안전을 위해 나쁜 사람들로부터 시민을 보호하는 사람들이잖니? 같은 목표를 갖고 있으니 싸울 리가 없지.

돌콩이 ▶ 헤헤, 그런가요? 아, 참! 얼마 전, 학교에 경찰관 아저씨가 오셔서 학교 폭력을 주제로 한 특별 수업을 해 주셨어요. 그런 걸 보면, 경찰이 하는 일이 굉장히 많은 것 같아요.

경찰 ▶ 갑자기 일어난 사건과 사고를 수사하고 해결하는 것도 중요하지만, 범죄를 예방하는 일도 우리의 중요한 업무이기 때문이지.

돌콩이 ▶ 지금은 이런 업무를 경찰서에서 하는데요. 포졸 아저씨가 살던 시절에도 그런 곳이 있었나요?

포졸 ▶ 조선 시대에 강도, 살인, 도둑질 등의 범죄가 늘어나자 포도청이란 곳이 생겼단다.

경찰 ▶ 포도청도 전국에 많이 설치되어 있었나요?

나라를 어지럽히는 나쁜 놈들을 잡아들였지.

포졸 ▶ 아니요. 포도청은 조선의 수도인 한양 과 그 주변인 경기도에만 있었어요. 지 방엔 관아가 있었지요.

돌콩이 ▶ 요즘 경찰서는 전국 곳곳에 있어요. 경 찰서가 너무 멀면 시민들이 불안해할 거예요. 경찰은 많으면 많을수록 좋은 것 같아요. 그럴수록 시민들이 더 안심 할 수 있을 테니까요.

경찰 ▶ 경찰이 적어도 질서가 잘 지켜지고 범 죄가 없다면 더욱 좋겠지.

포졸 ▶ 정말로 국민을 위한다면, 권력과 가까워져서도 안 돼요. 사실 포 도청은 조선 후기에 권력을 지키는 수단으로 이용되기도 했어요. 힘 있는 권력자가 자기 마음에 드는 사람을 포도대장으로 임명하고, 포도청을 마음대로 휘둘렀던 거예요.

경찰 ▶ 저런, 그랬군요! 저는 국민만을 위해 일할 수 있도록 노력하겠습니다.

돌콩이 ▶ 경찰관 아저씨! 언제나 우리의 안전을 위해 힘 써 주세요!

시민의 안전한 생활을 지키기 위해 최선을 다하겠습니다!

경찰

 사회 질서를 유지하고, 범죄를 예방 및 수사하며, 국민의 안전과 재산을 보호하는 일을 해요. 또 교통정리나 테러에 대한 대비 등 경찰이 맡는 일은 매우 많지요. 시민을 위해 일하는 직업이므로, 따뜻한 마음의 봉사심과 맡은 임무를 잘 수행하려는 사명감이 뛰어나야 해요. 밖에서 일하는 시간이 많고, 상대를 제압※해야 하는 일도 많기 때문에 체력도 튼튼해야 하지요.

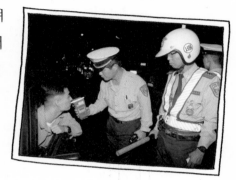

 ※ **제압** 상대방을 힘으로 억눌러서 통제하는 것

직업 군인

 경찰이 나라 안의 안전과 질서를 위해 일하는 사람이라면, 군인은 나라 밖의 적을 막기 위해 일하는 사람이에요. 직업 군인은 일반 병사들을 교육하고, 군대를 지휘하지요. 군인이 모여 있는 군대는 국가를 지키는 곳이므로, 전투에 필요한 장비와 기술을 갖추고 있어요. 우리나라는 남한과 북한으로 나뉘어 있는 분단국가이기 때문에 군인이 많이 필요하답니다.

소방관

불이 나거나 사고가 난 현장에서 위험에 처한 사람을 구하는 사람이에요. 시민들이 위험한 상황에 처해서 119에 전화했을 때, 빠르게 출동하여 사람들을 구하지요. 위험한 장소에서 일하는 경우가 많기 때문에 투철한 사명감과 튼튼한 체력, 빠른 판단력과 풍부한 의료 지식 등이 필요해요.

프로파일러

범죄자의 행동이나 심리, 사건의 단서 등을 분석하여 범죄를 예측하거나 범인을 잡는 수사 전문가예요. 범죄 분석관이라고도 하지요. 범인을 잡은 후에는 자백※을 이끌어 내는 일도 한답니다.

※ **자백** 자기가 저지른 잘못을 다른 사람에게 스스로 고백하는 것

컴퓨터 정보 보안사

컴퓨터에 저장되어 있는 중요한 개인 정보나 문서 파일 등을 지켜 주는 사람이에요. 온라인 기술을 이용하여 다른 사람의 정보를 몰래 가져가는 범죄자로부터 여러 파일을 보호하는 것이지요. 특히 고유한 기술을 가진 기업이나 개인 정보를 많이 가지고 있는 은행 등에서 필요한 직업이랍니다.

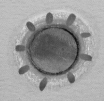

땅과 하늘의 힘으로
짓는 농사

농부

보름 가까이 비가 내리지 않자 바우는 바짝 애가 탑니다. 모내기를 한 지 얼마 되지 않았기 때문입니다. 올해는 바우가 본격적으로 아버지를 돕기 시작한 첫해입니다. 못자리를 나르고 모를 심을 때는 얼마나 가슴이 벅찼는지 모릅니다. 하지만 모내기 철에 가뭄이 들면 큰일이기 때문에

154

걱정이 많았습니다.

"아버지, 오늘도 비가 안 오네요."

바우가 논두렁에 서서 시무룩하게 말했습니다.

"그렇구나."

아버지는 눈을 가늘게 뜨고 먼 데를 바라보았습니다. 그런 아버지의 모습은 어딘가 슬퍼 보였습니다. 풍년이 들지 않으면, 힘든 한 해를 보내게 될 테니까요.

'왜 사람은 비를 내리게 하거나 바람을 불게 할 수 없을까?'

바우는 언제나 하늘을 보며 기다릴 수밖에 없다는 게 속상해서 눈물이 날 것 같았습니다. 그때 마침, 아버지가 몸을 돌리며 말했습니다.

"되었다. 이제 가자."

"네? 그냥 간다고요?"

"그래. 이제 기다리는 수밖에 없지."

바우는 할 말이 없어 입을 다물었습니다. 속상한 걸로 말하자면 바우보다 아버지가 더할 테니까요.

아버지는 집에 도착하자마자 마루에 걸터앉아 농기구를 손봤습니다. 괜한 일거리를 일부러 만들어 하는 것 같아서 바우는 마음이 좋지 않았습니다.

'마음 편히 쉬지도 못하고, 얼마나 애가 타시겠어.'

이런저런 생각으로 뒤척이던 바우는 밤늦게 잠이 들었습니다. 그런데 얼마 지나지 않아 부스럭거리는 소리에 놀라 눈을 떴습니다. 후드득후드득, 반가운 빗소리도 들렸습니다. 문을 열고 나가 보니, 아버지는 벌써 도롱이※를 걸쳐 입고 있었습니다.

"나 때문에 깼나 보구나. 이왕에 일어난 거, 나와 같이 논에 가자꾸나."

아버지가 바우에게 도롱이를 건네주었습니다. 바우는 얼른 도롱이를 걸치고 삽을 챙겨 아버지를 따라나섰습니다.

※ **도롱이** 짚 따위로 엮어 허리나 어깨에 걸쳐 두르는 비옷

비는 죽죽 시원스럽게 내렸습니다. 바우와 아버지는 물꼬*가 잘 막혀 있는지 살피고, 논두렁도 두드려 볼록하게 세웠습니다.

"바우야, 이 아비의 가장 큰 기쁨이 무엇인 줄 아느냐?"

"무엇인데요, 아버지?"

"바우 네 입에 밥 들어가는 것과 논에 물 들어가는 거란다. 오늘 이 두 가지를 모두 누리다니, 참으로 기쁘구나."

바우는 빗줄기와 어둠 때문에 아버지의 얼굴을 잘 볼 순 없었지만, 기분 좋게 웃고 계시다는 걸 느낄 수 있었습니다.

아버지 옆에서 논을 내려다보고 있던 바우는 문득 이상한 기분이 들었습니다. 비가 이렇게 많이 내리는데도 바우는 조금밖에 젖지 않았기 때문입니다. 그러고 보니 도롱이가 두툼하고 짚냄새를 짙게 피우고 있었습니다. 원래

바우의 도롱이는 다 낡아서 입으나 마나 했는데, 이것은 새 도롱이가 분명했습니다.

❋ **물꼬** 논에 물이 들어오거나 나가게 하기 위해 만든 통로

"아버지, 제 도롱이는 언제 엮어 두셨어요?"

"저녁 먹고 엮었단다. 아까 보니 제비들이 땅에 바짝 붙어 날더구나. 곧 비가 내릴 징조였지."

그제야 바우는 아버지가 낮에 말씀하신 '되었다'의 뜻을 깨달았습니다.

"전 그것도 모르고, 아버지가 포기하신 줄 알았어요."

"농부에게 포기란 없단다. 땅의 힘을 빌고 하늘의 뜻을 받아 농사를 짓긴 하지만, 그저 하늘만 쳐다보고 있을 수야 있겠느냐? 우리도 날씨를 읽는 거지."

아버지가 담담하게 말씀하셨습니다.

"저도 아버지처럼 날씨를 읽는 농부가 될 수 있을까요?"

"넌 부지런하고 영리하니까 나보다 훨씬 좋은 농부가 될 거야. 내 장담한다."

바우는 기다리던 비도 보고, 아버지에게 칭찬도 들어서 기분이 매우 좋았답니다.

하늘과 땅의 근본, 농부

농者天下之大本

우리 민족은 아주 오래전부터 농사를 지으며 살아왔어요. 한반도에서 벼농사가 시작된 것은 1만 5천 년 전부터라고 해요. 예부터 전해 내려오는 '농자천하지대본(農者天下之大本)'이란 말은 농사가 이 세상의 근본이라는 뜻으로, 우리 민족이 농업을 얼마나 중요하게 여겼는지를 잘 보여 주지요. 농민의 신분은 크게 양민과 노비로 나누었어요. 양민은 자신의 땅을 갖고 있는 사람부터 남의 땅을 빌려 농사를 짓는 사람까지 다양했어요. 노비들은 주인집의 땅에서 농사를 짓거나 남의 땅을 빌려 짓기도 했답니다.

직파법과 이앙법

벼농사를 지을 때 볍씨를 직접 논에 뿌리는 방법을 '직파법'이라 하고, 모판에서 모를 가꾸어 논에 옮겨 심는 방법을 '이앙법', 즉 모내기라고 해요. 모내기를 하면 같은 땅에서 수확할 수 있는 벼의 양이 훨씬 늘어나기 때문에 농업 생산력이 좋아진답니다. 하지만 모내기 철에 가뭄이 든다면 문제가 커질 수도 있어요. 그래서 조선 시대에는 1년 농사를 망칠 수 있다는 이유로 이앙법을 금지하고 직파법을 권장하기도 했어요. 그러나 곧 모내기가 생산성이 높다는 점이 밝혀지면서 오히려 널리 보급

직파법 이양법

되었습니다. 모내기 철에는 많은 일손이 필요하기 때문에 서로 모내기를 도와주는 두레가 형성되기도 했답니다.

세종 대왕님이 농사에도 관심을 가졌다고?

『농사직설』은 세종 대왕이 신하 정초와 변효문에게 명을 내려 엮게 한 농업 기술서예요. 전국에 있는 경험 많은 농부들로부터 농업 기술에 대해 듣고, 이 이야기들을 모아서 만든 책이지요. 이전까지 참고하던 중국의 농업 기술서가 우리 땅과 기후에는 맞지 않는다고 여겨, 우리나라에서 실제로 이루어지고 있는 농사 방법을 조사하여 정리한 거예요. 종자와 흙을 다루는 법, 각종 작물을 재배하는 법 등이 정리되어 있는 이 책은 지금까지 우리나라에 전해지는 가장 오래된 농업 기술서랍니다.

옛날엔 대부분의 백성이 농부였어. 농사를 짓는 일이 그 당시 먹고사는 데 가장 중요한 일이었기 때문이지. 농사와 관련된 두 분을 모셔서 농업에 대한 얘기를 들어 보자!

돌콩이 ▶ 엄마는 제가 밥을 남길 때마다 농부 아저씨를 생각하라며 혼을 내세요. 이렇게 만나게 되니 앞으로는 더 못 남길 것 같아요.

농부 ▶ 농부들은 곡식을 수확할 때 벼 한 톨까지도 소중히 모은단다. 요즘 농부들도 그런 마음으로 농사를 짓겠지?

종자 기능사 ▶ 그렇습니다. 현대에도 쌀은 우리의 주식이니까요. 하지만 국수나 빵같이, 밥을 대신하는 음식들이 많아져서 쌀 소비량이 많이 줄었어요.

> 토종 종자를 잘 관리하여 미래의 후손들에게도 물려줄 거야.

농부 ▶ 안타깝네요. 옛날에는 농업이 이 세상의 근본이 되는 일이라 했었는데……. 그럼 농부의 수가 많이 줄었겠네요?

종자 기능사 ▶ 비록 농업 인구는 줄었지만 농촌에서 할 수 있는 일은 아주 다양해졌어요. 약초 같은 특수 작물을 재배하거나 농촌 체험 마을을 운영하는 마을 기업을 만들기도 하지요. 저는 우리의 토종 종자를 지켜 내고 종자 개발을 담당하는 종자 뱅크를 운영하고 있어요.

돌콩이 ▶ 종자가 뭐예요?

종자 기능사 ▶ 씨앗을 가리키는 말이란다.

농부 ▶ 농사꾼에게 씨앗은 가장 중요한 보물이지. 아무리 배가 고파도 씨앗으로 남겨 둔 곡식은 먹지 않았을 정도니까.

종자 기능사 ▶ 오늘날에는 새로운 작물을 개발하고 더 나은 종자로 만드는데 많은 노력을 기울이고 있어요. 해로운 벌레에 잘 견디도록 만들거나 더 맛있게 바꾸는 것이지요.

돌콩이 ▶ 저는 개량된 농작물 중에 호박 고구마를 가장 좋아해요.

농부 ▶ 옛날에는 햇볕과 물, 농사꾼의 땀으로 농사를 지었는데, 요즘에는 농업이 많이 발전했나 보군요.

종자 기능사 ▶ 네. 게다가 요즘엔 비닐하우스가 있어서 한겨울에도 농사를 지을 수 있답니다.

농부 ▶ 그럼 딸기나 수박을 한겨울에도 먹을 수 있겠군요? 놀랍네요.

돌콩이 ▶ 농부란 직업은 변함없이 이어져 오고 있고 농업은 계속해서 발전하고 있네요. 역시 농업은 우리에게 꼭 필요한 분야 같아요.

농부는 이 세상에 없어서는 안 될 아주 중요한 사람이지요.

163

농부

농부는 세상에서 가장 오래된 직업 중 하나예요. 농사는 신석기 시대부터 시작하여 현재까지 이어져 오고 있는, 인간의 삶에 꼭 필요한 문화이지요. 오늘날 농업은 규모가 커지고 전문화되었어요. 또 기업처럼 조직적으로 운영되는 농장도 많이 있지요. 농부가 되려면 농사일에 대한 전문 지식이 필요해요. 더불어 매일 달라지는 날씨 변화로부터 농작물을 잘 보살펴야 하므로 부지런해야 하고, 체력도 튼튼해야 한답니다.

종자 기능사

종자를 개발하고 널리 전달하는 일을 하는 전문가예요. 종자란 농작물의 씨앗을 뜻해요. 종자 시장은 전 세계적으로 크게 성장하고 있어요. 그래서 종자 기능사는 연구소나 농장에서 작물을 연구하고 개발하며 알맞은 재배 조건을 연구하지요. 또 종자와 어린나무를 생산하고 번식시키는 일도 한답니다.

도시 농업 활동가

도심 속 건물 옥상에서 텃밭을 가꾸는 사람들

요즘 들어 먹거리에 대한 불안감이 커지면서, 집 주변 텃밭에 적은 양의 채소를 재배하는 사람들이 늘고 있어요. 특히 도시 사람들이 이러한 텃밭을 가꿀 수 있도록 도와주는 사람을 도시 농업 활동가라고 하지요. 농업에 대한 지식이 부족한 도시 사람들에게 여러 식물의 재배법을 알려 주어 도시 농업에 활력을 불어넣어 준답니다.

플로리스트

꽃, 풀, 잎, 나무 등의 식물을 이용하여 장식물을 만드는 사람이에요. 화훼 장식 기능사라고도 하지요. 식물을 아름답고 보기 좋게 다듬어 장식해야 하므로 디자인 능력과 창의력이 뛰어나야 해요. 그뿐만 아니라 꽃을 키우는 방법이나 꽃의 종류, 꽃말 등도 잘 알아야 하지요. 요즘 사람들은 공간에 대한 장식을 중요하게 생각하기 때문에 플로리스트의 활동 영역도 커지고 있답니다.

콕 짚어
찾아보기